ÜBER DAS BUCH:

Am 15. März 1907 um 22.16 Uhr wurde in Karlstad/Schweden Zarah Stina Hedberg geboren. Durch ihre Heirat mit dem Schauspieler Nils Leander entstand im Jahre 1926 ein Name, der bis heute unvergeßlich ist: Zarah Leander.
Ihre geheimnisvolle Stimme, die melancholisch verhalten, aber auch kapriziös herausfordernd klingen konnte, ist ebenso unvergeßlich wie ihre Filme, die noch heute ein Millionenpublikum begeistern.
Dieses Buch schildert die Karriere Zarah Leanders und umkreist die Wirkung ihrer Stimme. Auch auf den Vorwurf, Zarah Leander habe »Durchhaltefilme« gedreht, wird detailliert – gestützt auf neue Quellen – eingegangen. Zahlreiche Fotos, die größtenteils noch nie veröffentlicht wurden, geben einen Einblick in Zarah Leanders Leben.

DER AUTOR:

Paul Seiler, geboren 1936 in der Schweiz, besitzt das größte Zarah-Leander-Archiv der Welt. Selbst Schauspieler, traf er diverse Male mit ihr zusammen. Paul Seiler lebt in Berlin.
Zahlreiche Veröffentlichungen, u.a. *Wollt Ihr einen Star sehen? – Ein Kultbuch* (1982), *Zarah Diva* (1985), *Ein Mythos lebt* (1991).

Gewidmet meiner Mutter
Marie Seiler-Marti (1906–1947)

Paul Seiler

Zarah Leander

Ich bin eine Stimme

Mit 110 Abbildungen im Text

Ullstein

Ullstein Buchverlage GmbH,
Berlin
Taschenbuchnummer: 35711

Originalausgabe
März 1997

Umschlaggestaltung:
Theodor Bayer-Eynck
unter Verwendung einer Abbildung von
Transglobe/Haas-Archiv
Alle Rechte vorbehalten
© 1997 by Ullstein Buchverlage GmbH,
Berlin
Printed in Germany 1997
Satz und Lithos: LVD GmbH, Berlin
Druck und Verarbeitung:
Clausen & Bosse, Leck
ISBN 3 548 35711 3

Abbildungsnachweis:
Alle Abbildungen stammen
aus dem Archiv des Autors.

Die Deutsche Bibliothek –
CIP-Einheitsaufnahme

Seiler, Paul: Zarah Leander –
ich bin eine Stimme / Paul Seiler. –
Orig.-Ausg. – Berlin : Ullstein, 1997
(Ullstein-Buch: 35711)
ISBN 3-548-35711-3
NE: GT

Inhalt

Die Biographie	7
1931 Max Reinhardt entdeckt die Leander	16
1936 Max Hansen holt sie nach Wien	21
1936 Zur Ufa nach Berlin	28
1938 Heinrich George	35
1941 »Die große Liebe«, Zarahs Hypothek	46
1941 Zarah's treuester Textdichter in Gestapo-Haft	57
1943 Abschied von Berlin und Ende des Ufa-Vertrages	61
1944 Eine Schlagzeile im Reich: Zarah Leander – Freund der Juden	76
1944 Heinrich Himmler zum Abgang der Leander	81
1947 Zaghaftes Comeback	85
1948 Erste Nachkriegstournee	90
1950 Zarah filmt wieder	96
1951 Die »kleine Welttournee«	101
1956 Zarah und die Männer	112
1957 Der 50. Geburtstag	116
1978 Die letzte Bühnenrolle	124
Ich bin eine Stimme	**133**
Die Bühnenrollen	**157**
Die Filmographie	**171**
Frank Noack: Zarah Leander – Filme im Spiegel der US-Kritik	**225**
Nachwort	**233**
Quellen	239

Die Biographie

Zarah Leander erblickte am 15. März 1907 um 22.16 Uhr in Karlstad/Schweden als Tochter des Instrumentenbauers und Grundstücksmaklers Anders Lorentz Sebastian Hedberg und der Hausfrau Matilda Ulrika Hedberg geborene Vikström das Licht dieser Welt. Eine Urgroßmutter väterlicherseits stammte aus Hamburg. Zarah Leanders Vater hatte in Leipzig Orgelbau und Musik studiert; durch ihr deutsches Kindermädchen und einen deutschen Klavierlehrer wurde sie schon in früher Jugend mit der deutschen Sprache und Kultur vertraut. Ab 1911 erhielt sie Klavier- und Geigenunterricht und trat bereits 1913 bei einem Chopin-Wettbewerb zum ersten Mal öffentlich auf. Bis 1922 besuchte sie ein Gymnasium, danach verbrachte sie zwei Jahre in Riga und lernte dort fließend deutsch sprechen. In dieser Zeit besuchte sie, sooft es ging, Theater und Konzerte und faßte den Entschluß, zur Bühne zu gehen.

Zarah Leander: »Ich war 12 Jahre alt, als ich mein erstes Theaterstück gesehen habe, nämlich PEER GYNT. Das hat mich so tief mitgenommen, daß ich zu meiner Großmutter ging in der Nacht, ich konnte überhaupt nicht schlafen, und hab zu ihr gesagt, so, und jetzt weiß ich, ich werde Schauspielerin werden, aber ich werde eine Schauspielerin, die auch singen tut. Dann hat sie nur

◁ Starfoto von 1939

mit dem Kopf geschüttelt und hat gesagt, es ist besser, du schläfst jetzt, du bist zu aufgeregt.«*

Ihre Theater- und Musikbesessenheit führte sie 1926 zum ersten Mal nach Berlin. Ihrem Vater mußte sie das Reisegeld abschmeicheln, denn sie wollte unbedingt Fritzi Massary, die große Berliner Operettenkönigin, ihr Vorbild, sehen und natürlich hören. Ihr Vater war auch der einzige in der Familie Hedberg, der Zarah Leanders musischen Ambitionen Verständnis entgegenbrachte, während Mutter Matilda, von ihrer strengen protestantischen Moral und Pflichtauffassung geprägt, unwillig auf diese Begeisterung für die Welt des Scheins reagierte. Auch ihre vier Brüder machten sich über Zarahs Sehnsucht nach einer Bühnenkarriere vorerst noch lustig. Sie hatte nie Gesangs- oder Schauspielunterricht.

Zarah Leander: »Ich habe nie in meinem Leben eine Gesangsstunde genommen, niemals. Ich habe als junges Mädchen Klavierspielen und Geigespielen gelernt, aber das mit dem Gesangstudieren, das habe ich nicht getan, weil es eigentlich keinen Sinn hatte, fand ich. Ich habe, seitdem ich 14, 15 Jahre alt war, die Stimme gehabt, und an der war nichts zu ändern, weder zu verbessern noch zu verkleinern. Ich hatte schon immer eine Altstimme, das war eine Naturstimme, ja.«

1926 bewarb sie sich mit der Rolle der *Salome* von Oscar Wilde um die Aufnahme an der Königlichen Schauspielschule Stockholm und fiel prompt durch, lernte aber den Schauspieler Nils Leander kennen, den sie bald darauf heiratete. Ihre beiden Kinder, Tochter Boel, geboren 1927, und Sohn Göran, ge-

---

* Alle hier und im folgenden zitierten Passagen stammen aus Paul Seilers Tonarchiv und sind soeben auf einer CD erschienen: ZARAH LEANDER SPRICHT.

»Ich bin mit vier Brüdern aufgewachsen und von daher gewöhnt, mit Männern umzugehen.« Zwei Brüder sehen wir hier.

Erste Gehversuche auf der Bühne

Das erste Titelfoto von Zarah Leander

boren 1929, stammten aus dieser Ehe, die 1931 wieder geschieden wurde. Kurzfristig arbeitete sie auch als Verlagssekretärin im Lindfors Buchverlag in Stockholm. Durch ihren Ehemann Nils Leander bekam sie ihre ersten, noch unbedeutenden Rollen am Theater, und mehrmals stand sie auch mit ihm zusammen auf der Bühne. So auch 1928 in der Operette DROGNE EMIL (DER TREUE EMIL). Auch das für sie so entscheidende Vorsprechen bei dem berühmten Revuekönig Ernst Rolf im Jahre 1929 ging auf seine Intervention zurück. 1972 berichtete Nils

Zarahs erstes Auto

Weihnachten bei Zarah und ihren Kindern (Anfang der dreißiger Jahre)

Leander der schwedischen Wochenzeitung »Se«, wie das angebliche Debütvorsingen zustandegekommen war:

»Im Hause meines Vaters (eines Pastors) verkehrten viele Schauspieler. Zarahs Karriereanfänge wurden trotz unserer beiden kleinen Kinder wohlwollend unterstützt. Sie brauchte nicht auf dem Klo heimlich zu üben (wie sie später öfters erzählte), im geheimen Radio zu hören oder heimlich mit dem Fahrrad nach Norrköpping zu fahren, um sich mit dem letzten Geld die Noten zum Vorsingen zu besorgen. Mit meines Vaters Wagen habe ich Zarah nach Norrköpping gefahren, wo Ernst Rolf mit seiner Revuegruppe gerade gastierte. Durch einen guten Bekannten von mir, Fridolf Rhudin, der bei Rolf die Zentralfigur der Revue war, versuchte ich, für Zarah ein Vorsingen zu erreichen. Rhudin warnte mich: ›Rolf hat einen schlechten Tag. Er hat alle herausgeworfen.‹ Und als Rolf mich sah, schrie er: ›Herr Leander, verschwinden Sie!‹ Aber da erblickte er Zarah Leander im Korridor in ihrem schwarzen Kleid mit einem grünen Schal und ihren roten Haaren und fragte: ›Handelt es sich um sie, die Sie mir vorstellen wollen?‹ Zarah durfte singen, bekam 100 Kronen und konnte am nächsten Tag, an einem Sonnabend, dem 27. Oktober 1929, für die erkrankte Margit Rosengren mit dem Lied WOLLT IHR EINEN STAR SEHEN, SCHAUT MICH AN *(nach der Melodie:* WENN DER WEISSE FLIEDER WIEDER BLÜHT*) einspringen. Der Revuekönig Ernst Rolf kündigte seinen neuen Star mit den Worten an: ›Sie ist so talentiert, daß ich nicht die Kraft hatte, nein zu sagen. Sie heißt Zarah Leander, und diesen Namen muß man sich merken.‹*

Daraufhin wurde sie von der Schallplattenfirma Odeon unter Vertrag genommen und hatte bis 1936 80 Titel aufgenommen, alle in schwedischer Sprache, darunter auch 1930 den Marlene-Dietrich-Song aus dem Blauen Engel: Ich bin von Kopf bis Fuss auf Liebe eingestellt.

Zarah Leander: »Und dann hab ich bei einem Revuedirektor 1929 vorgesungen und war dann bei ihm im Engagement, eine Tournee durch Schweden. Und dann ging es auf einmal los, das Ganze. Da hab ich in Stockholm, in Schweden, in Skandinavien überhaupt Operette gesungen, Die Lustige Witwe, ich habe Theater gespielt, Tragödien, Komödien, und immer wieder in dieser satirischen Art von Revuen, die der Schwede Karl Gerhard damals geschrieben hat, mitgewirkt, bis mich Max Hansen 1936 holte, nach Wien.«

Der damals sehr berühmte schwedische Schauspieler Gösta Ekman, der Faust-Darsteller aus dem Stummfilm von Murnau (1926), bestand darauf, sie 1931 als Partnerin in Die lustige Witwe als Hanna Glawari zu bekommen. Franz Lehár mußte ihretwegen den Gesangspart der Hanna um zwei Oktaven tiefer transponieren. Es wurde ein sensationeller Erfolg.

1931:
Max Reinhardt entdeckt die Leander

Der weltberühmte Theatermann Max Reinhardt hielt sich im Frühjahr 1931 kurz in Stockholm auf, um, wie die schwedischen Zeitungen meldeten,
»... dem Erfolg seines Schwachen Geschlechts im Oscars-Theater beizuwohnen, ebenso wie einer verjüngten Inszenierung des ORPHEUS IN DER UNTERWELT. Aber was ihn nicht minder erfreute, war die Entdeckung eines seiner Meinung nach bedeutenden Schauspieltalents: Zarah Leander. Kein Theatermann hat anscheinend das Talent von Max Reinhardt, was das Entdecken von Talenten betrifft. Als er nun in Stockholm war, hörte er von der Begabung Zarah Leanders und entschloß sich dazu, sie zu treffen. Kurz darauf saß er für einige Abende im Vasa-Theater, nicht wegen der Revue, vielmehr des Stars willen. Reinhardt bot ihr gleich Proben für mehrere dramatische Partien an. Frau Leander nahm die Einladung geehrt an. Ende April wird sie ihr Engagement am Vasa-Theater beenden und sogleich nach Wien reisen, wo sie sich unter Max Reinhardt ausbilden lassen will. Ab Herbst wird sie jedoch wieder am Gösta Ekman-Theater zu sehen sein, mit einer Ausnahme – Filmarbeit für die schwedische Filmindustrie.«
Durch die Begegnung mit Reinhardt erschienen nun zum ersten Mal auch in deutschen Zeitungen Berichte über den neuen schwedischen Star im April 1931: »*Halb Greta, halb Marlene*«

Zarah und ihre Kinder im Urlaub ▷

oder »*Eine neue Entdeckung Reinhardt's ist die Stockholmerin Fräulein Zarah Leander, die demnächst in Berlin debütieren wird*« war da zu lesen.

In Eine Frau, die weiss was sie will von Oscar Straus war sie in der Rolle der Manon Falconetti zu sehen, die in Deutschland von Fritzi Massary gespielt wurde. Das Chanson Warum soll eine Frau kein Verhältnis haben begleitete die Leander bis zum Ende ihrer Karriere. In einer Revue parodierte sie auch die Garbo. Sie galt jetzt als der große Star in Skandinavien.

Mit Schwedens Maurice Chevallier, Karl Gerhard, begann nun eine sehr fruchtbare Zusammenarbeit. Sorgfältig setzte Gerhard sie in seinen prunkvollen, aber auch politisch-satirischen Revuen ein, so auch 1934 in Mein freundliches Fenster mit dem Song Im Schatten eines Stiefels. Im selben Jahr meldete sich zum ersten Mal Hollywood, sie lehnte aber alle Filmangebote mit der Begründung ab:

»Ich möchte in Europa bleiben«.

Die Zeitung »Svenska Dagbladet« wollte es genauer wissen und fragte sie:

»*Jetzt ertrinken Sie wohl in Angeboten von überallher?*«

»Ja, viele sind am Bieten, das kann ich ohne Übertreibung sagen.«

»*Und was wählen Sie?*«

»Noch nichts Bestimmtes. Das Interessanteste ist wahrscheinlich ein Angebot aus Hollywood, welches vor längerer Zeit kam, aber jetzt erneuert wurde. Man möchte mich anscheinend gerne dort haben. Aber aufrichtig gesagt, bin ich mir noch unsicher. Ich

In Die Schule der Kokotten (1934)

habe zwar noch nicht nein gesagt, aber ich werde mit dieser Reise noch etwas warten.«

Am 19. März 1934 entstanden auch die englischen Probeaufnahmen mit dem Lied I'VE WRITTEN YOU A LOVESONG.

Sie wirkte in drei schwedischen Filmen mit und spielte wie später bei der Ufa den singenden, mondänen Vamp: DANTES MYSTERIEN (1930), DER FALSCHE MILLIONÄR (1931) und EHESPIELE/ SKANDAL (1935).

Auch privat ging es recht turbulent zu. Nach der Scheidung von Nils Leander heiratete sie 1932 den Journalisten Vidar Forsell, einen Sohn des Intendanten der Stockholmer Oper, der sich 1946 wieder von ihr trennte. Er adoptierte ihre beiden Kinder, die daher nicht Leander, sondern Forsell heißen. Abermals führte ihr Weg sie nach Berlin, und zwar während ihrer Hochzeitsreise. Das zeigt, wie stark ihre Affinität zu Berlin, zu Deutschland, schon damals war.

1936:
Max Hansen holt sie nach Wien

Das Jahr 1936 war das wichtigste in Zarahs Karriere. Der von Berlin nach Wien emigrierte Operettenbuffo Max Hansen – in Berlin hatte er sich mit Couplets über die angebliche Homosexualität von Hitler bei den Nazis unbeliebt gemacht – schrieb im Sommer 1936 das Singspiel AXEL AN DER HIMMELSTÜR, eine Parodie auf Hollywood und die Garbo.
Hansen: *AXEL AN DER HIMMELSTÜR war eigentlich meine Idee, und zwar wollten wir einen Film daraus machen. Wenn man Idee sagen kann. Natürlich hab' ich sie auch von irgendwoher bekommen, das heißt, inspiriert wurde ich durch eine Zeitungsnotiz, die ich damals las, und das war im Jahre 1935. Ich las in einer Zeitung, daß es so furchtbar schwer sei, die Garbo zu interviewen. Ein Hollywood-Korrespondent oder Reporter hatte die Idee, sich in einem Gesellschaftsakt als Statist engagieren zu lassen, um so immer in der Nähe der Garbo zu sein, aber sie haben ihn entdeckt. Die Garbo sagte ständig: ›Was stiert mich der Kerl so an?‹ Alle am Set haben sich sehr gewundert, daß jeden Tag in der Zeitung Details über die Arbeit standen, bis sie drauf gekommen sind. und da habe ich zu Morgan gesagt: ›Du, ich werde dir was sagen, das ist gar kein Film, vorläufig ist es ein Theaterstück.‹ Wir haben dann noch einen Mitarbeiter gefunden, Adolf Schütz, und anschließend das Stück Benatzky lesen lassen. Um ganz ehrlich zu sein,*

haben wir es erst Robert Stolz gegeben. Der hat es nachts in Karlsbad gelesen und am nächsten Tag gesagt: Wir möchten entschuldigen, ›aber ich bin immer ehrlich‹, sagt er, ›das gefällt mir gar nicht.‹ Er war wenigstens ehrlich. Dann haben wir es Oscar Straus zum Lesen gegeben, der auch in Karlsbad weilte, und der hat gesagt, es sei ganz nett, aber es müßte anders gemacht werden, und hat sich so herumgedrückt, daß wir gemerkt haben, er war nicht interessiert. Dann erst gaben wir es Benatzky, der es ebenfalls über Nacht gelesen hat und am nächsten Vormittag anrief und sagte: ›Nachmittag fangen wir an, das gefällt mir sehr.‹ Gott sei Dank hat er recht behalten, es wurde, wie Sie ja wissen, ein großer Erfolg. Es war aber die Frage – dieser große Filmstar, wir haben ihn natürlich nicht Greta Garbo genannt –, wer sollte die Rolle spielen? Der Direktor des »Theater an der Wien«, Arthur Hellmer, der auch in Karlsbad weilte, wollte das Stück unbedingt lesen und hat gesagt: ›Meine Herren, ich spiele das Stück nicht nur, sondern ich eröffne mein Theater damit, aber wo ist die Frau? In Wien weiß ich keine Frau, die einen internationalen Filmstar darstellen kann. Wissen Sie jemanden?‹ Ich kam damals gerade aus Schweden und sagte, daß ich eine Frau in einer Revue in Stockholm gesehen habe, die Zarah Leander heiße, aber ich wisse nicht, ob sie Theater spielen und ob sie deutsch könne. »Dann fragen Sie sie doch«, sagte Hellmer, nachdem ich ihm erzählt hatte, wie gut die Frau aussehe und wie interessant sie sei. Von der Stimme habe ich nichts gesagt. Das war meine kleine Überraschung. Nun, ich habe nach verschiedenen ver-

Zarahs erste Begegnung mit Max Hansen in Karlsbad (1936)

geblichen Versuchen sie endlich telefonisch in Stockholm erreicht und habe sie gefragt, ›Zarah, kannst du Deutsch?‹ Sie antwortete, ›Na ja, ich habe in der Schule ein bißchen Deutsch gelernt.‹ Daraufhin ich: ›Du, nach meiner Meinung kannst du in zwei Monaten eine große Hauptrolle lernen.‹ – ›Ach‹, sagt sie, ›das wäre ja wunderbar, wenn du das arrangieren könntest.‹ – ›Der Direktor will natürlich nicht die Katze im Sack kaufen, er lädt dich ein, ein paar Tage nach Karlsbad zu kommen. Du kannst nach Prag fliegen, und von dort holt man dich mit dem Auto ab.‹ Sie kam auch. Ich vergesse nie, wir waren im Probensaal des Stadttheaters in Karlsbad, da saßen Benatzky, der Direktor Hellmer, der Morgan, der Schütz und ich, und Zarah kam herein und hat allen sehr imponiert. Ihr Aussehen war grandios. Benatzky setzte sich an den Flügel und fing an zu spielen. Sie hat mitgesungen, und er wäre beinahe vom Stuhl gefallen. Er drehte sich zu mir um und sagte: ›Na, Max, ich hab doch diese Rolle für einen hohen Sopran komponiert und du empfiehlst mir einen Baß!‹

Ohne nach der Gage zu fragen, verpflichtete sich die Leander intuitiv, wie sie später sagte. Wohl wissend, daß es hier um die Chance ging, nicht nur in einer Uraufführung von Benatzky die Hauptrolle zu spielen, sondern ihre Karriere außerhalb Schwedens in Europa fortzusetzen. Denselben Weg hatte vor ihr schon die Garbo mit DIE FREUDLOSE GASSE angetreten, und ihr folgte 1938 Ingrid Bergman, die unter der Regie von Carl Froelich bei der Ufa DIE VIER GESELLEN drehte. Für Zarah hatte sich der Sprung nach Wien gelohnt. Die Premiere von AXEL AN

DER HIMMELSTÜR, die vor Kritikern aus ganz Europa stattfand, die für die Neuentdeckung nur höchstes Lob hatten, brachte ihr wiederum Filmangebote aus Hollywood, aus London von Alexander Korda und von der Ufa ein. Nach der Premiere, die am 1. September 1936 im »Theater an der Wien« stattfand, berichteten auch die schwedischen Zeitungen über ihren Erfolg. »Svenska Dagbladed« brachte die Schlagzeile *»Zarah hat großen Erfolg in Wien«*, und Stockholms »Didningen« notierte *»Zarah erobert die Wiener im Sturm, eine so wilde Begeisterung hat man seit den Tagen der klassischen Operette nicht mehr erlebt.«* Und in der Wiener Musik- und Theaterzeitung »Tonfilm, Theater, Tanz« vom Oktober 1936 hieß es: *»In Zarah Leander hat die Filmdiva eine ausgezeichnete Interpretin gefunden. Diese nordische Schauspielerin hat echtes Theaterblut in sich. Sie ist eine faszinierende Bühnenerscheinung von ebenbürtiger Gestalt, und das rötlich schillernde Haar verleiht ihr den Reiz der Exotik. Sicher und überlegen spielt und singt sie, ihre klangvolle Altstimme verrät samtigen Glanz.«*

Auch der weltberühmte Dirigent Bruno Walter sah sich das Stück an und sagte in einem Interview, das er der Zeitung »Svenska Dagbladed« gab: *»Die Leander! Aber ja! Ich muß gestehen, daß ich oft und gern in Operetten und ähnliches gehe, freilich mit dem kleinen Hintergedanken, vielleicht einen Opernstoff zu finden, und ich bin aufrichtig betrübt darüber, daß sich Zarah Leanders Stimme nicht für die Oper eignet, denn sie hat ein höchst ungewöhnliches Talent, eine auffallend künstlerische Begabung und ist gleichzeitig eine Persön-*

lichkeit. Ja, wenn ein Schwede begabt ist, dann ist er ungewöhnlich begabt.«

Der Komponist Franz Lehár, der die Leander in seiner LUSTIGEN WITWE nie auf der Bühne, sondern erst jetzt in Wien in AXEL AN DER HIMMELSTÜR erleben konnte, bemerkte zu ihrem Talent in einem Interview ebenfalls für »Svenska Dagbladed« am 10. September 1936: *»Solange es Schauspielerinnen wie Zarah Leander gibt, brauchen sich die Komponisten von Operetten keine Sorgen zu machen. Ich habe mir neulich die zweite Aufführung von AXEL im Theater an der Wien angeschaut, und ich muß sagen, daß die Leander wirklich einzigartig ist. Sie ist einfach wunderbar. Mit ihrer Persönlichkeit erweckt sie die Bühne zum Leben, sobald sie diese nur betritt. Es ist etwas völlig Neues für die Wiener und hat eine unglaubliche Begeisterungswelle ausgelöst.«*

Ganz Wien lag also jetzt der neuen Diva, Zarah Leander, zu Füßen. Einige Tage nach der Premiere lud das Sekretariat von Richard Tauber sie telefonisch ein, an einem Ball teilzunehmen. Frack und großes Abendkleid waren vorgeschrieben. Da die Leander in Wien für eine Tagesgage von 64 Schilling auf der Bühne stand (sie hatte zum ersten Mal in ihrem Leben eine nicht entsprechende Gage ausgehandelt, dies sollte ihr später nie mehr passieren), rief sie bei Richard Tauber an und sagte der Kammerzofe: »Ich kann leider nicht zum Ball kommen, weil ich mir keine große Toilette leisten kann.« Einen Tag später stand Zarah Leanders telefonische Beichte in allen Wiener Zeitungen. Ganz Wien unterhielt sich darüber, wie enorm geistreich die nordische Künstlerin sich bei Richard Tauber entschuldigt habe.

Während sie weiterhin mit riesigem Erfolg jeden Abend auf der Bühne einen verwöhnten Hollywoodstar gab, drehte sie tagsüber in den Ateliers Wien-Rosenhügel ihren ersten deutschsprachigen Film PREMIERE. Sie spielte einen attraktiven Revuestar. Die beiden Lieder ICH HABE VIELLEICHT NOCH NIE GELIEBT und MERCI, MON AMI, ES WAR WUNDERSCHÖN stammen aus diesem Film.

Ab heute Dienstag

Zahlreichen Wünschen nachkommend
Der große Ausstattungs- und Revue-Film

MIT

Zarah Leander

in

Premiere

Eine Kriminal-Revue von Weltformat

Eine Tanzdichtung mit 400
Tänzerinnen und Tänzern aus
Wien, Paris und London

Die deutsche „Brodwey-Melodie"

In weiteren Rollen:

Theo Lingen - Karl Martell

Großes Vorprogramm

3³⁰ 5⁴⁵ 8¹⁵

Für Jugendliche nicht erlaubt

1936:
Zur Ufa nach Berlin

Nun klopfte neben Hollywood und London auch die Ufa in Gestalt des jungen Vizepräsidenten der Reichsfilmkammer Berlin an und unterbreitete Zarah Leander ein sagenhaftes Filmangebot. Ohne Rückendeckung von Goebbels besprach Hans-Jakob Weidemann mit der Leander die Möglichkeit, zur Ufa nach Berlin zu kommen. Die Begegnung fand in einem Wiener Caféhaus statt, wo die Leander mit ihrem Partner Max Hansen den Vizepräsidenten erwartete und beinahe übersehen hätte, da sie sich unter diesem Titel einen ehrfurchtsvollen älteren Herrn vorgestellt hatte. Der Vertrag, den sie nach diversen Vorgesprächen schließlich am 28. Oktober 1936 unterzeichnete, band sie vorerst für drei Filme, die zwischen dem 1. Februar 1937 und dem 31. Januar 1938 zu realisieren waren, an die Ufa. Die Ufa hatte die Option, den Vertrag jeweils um 14 Monate zu verlängern. Zarah erhielt eine gestaffelte Gage von 200 000, 300 000, 400 000 Reichsmark, 53 Prozent davon in Schwedenkronen. Die Zahlung erfolgte monatlich. Außerdem räumte man ihr ein Mitspracherecht bei der Wahl der Stoffe und Komponisten ein. Nach Vertragsabschluß mußte sich Hans Jakob Weidemann von Goebbels bittere Vorwürfe anhören, da dieser von der Idee nicht begeistert war, daß die Ufa ausgerechnet eine Ausländerin zur *leading lady* der eigenen Gesellschaft und, wenn möglich, des gesamten deutschen Films aufbauen wollte. Er betrachtete es als Armutszeugnis, daß das stolze Dritte Reich nicht eine eigene Garbo hervorbringen konnte.

Am 16. Januar 1937 notierte Goebbels zu diesem Thema in seinen Tagebüchern: »*Weidemanns Zarah Leander entpuppt sich als Deutschenfeindin.*« Goebbels spielte wohl auf die Zusammenarbeit der Leander auch mit jüdischen Künstlern an. Hans Weigel zum Beispiel schrieb die Liedtexte für AXEL AN DER HIMMELSTÜR oder Max Hansen, der Berlin wegen seiner Antihitlercouplets verlassen mußte. Zu Zarahs deutschprachigem Film PREMIERE, der ab Februar 1937 auch in Berlin zu sehen war, schrieb Goebbels am 6. Februar: »*Abends Filme geprüft, PREMIERE mit Zarah Leander. Nichts Berühmtes, da kann Weidemann keinen Staat machen.*« Am 21. März hieß es weiter: »Schwedischen Film mit Zarah Leander angeschaut, keine besondere Leistung. Ich halte die Frau für sehr überschätzt, der Film selbst ist typische Kleinstaatenware, ich möchte kein Schwede sein.« Und am 2. Februar 1937 zu Filmfragen: »Weidemann ist jetzt auch zur Ordnung gerufen. Er wird sich in acht nehmen.« Und schließlich am 31. Juni 1937: »Ufa will die Argentina nicht. Ich gebe nun Befehl dazu. Die Leander haben sie gewollt.«

Bei der »Argentina« handelt es sich um die 1906 in Spanien geborene Tänzerin, Schauspielerin und Sängerin Imperio Argentino, die unter anderen in den Filmen CARMEN und ANDALUSISCHE NÄCHTE zu sehen war. Trotz der Protektion von Goebbels machte sie keine Karriere. Ganz anders erging es der von Goebbels so heftig abgelehnten Zarah Leander. Nach ihren

Der Schalplattenstar (1936)

drei Ufa-Filmen Zu neuen Ufern, La Habanera und Heimat war sie bereits so populär, daß sich Goebbels der öffentlichen Anerkennung beugte. Sie war jetzt die Henne, die goldene Eier legte. Alle zehn Filme, die sie bis 1942 drehte, gehörten von den Einspielergebnissen her zu den jahresbesten.

Der Ton in Goebbels Tagebüchern änderte sich schlagartig, als er merkte, daß nicht nur das deutsche Publikum, sondern halb Europa dieser geheimnisvollen Stimme der Sehnsucht mit dem überdimensionalen Leidenspathos zu Füßen lag. Auch im neutralen Schweden berichtete die Presse überschwenglich von Zarahs Erfolgen und schickte Sonderkorrespondenten nach Berlin. Als der österreichische Film Premiere zusammen mit ihrem ersten Ufa-Film Zu neuen Ufern bei den Filmfestspielen in Venedig präsentiert wurde, berichteten die schwedischen Zeitungen stolz:

»Zarah Leander repräsentiert Schweden mit einem österreichischen und einem deutschen Film.« Die schwedische Presse formulierte damals keine Vorwürfe, daß die Leander ihr Talent der »braunen Filmindustrie« zur Verfügung stellte. Im Gegenteil, alle ihre Filme liefen mit großem Erfolg in Schweden. Die schwedische Wochenschau stellte im November 1938 die Premiere von Heimat in Stockholm heraus. Der Ton änderte sich nicht bei Beginn des Krieges, sondern erst nach Stalingrad. Ein Pressefoto aus dem Jahre 1941 belegt dies, als die Leander zur deutschen Kulturwoche in Paris weilte und auch von Jean Cocteau empfangen wurde. Es zeigt Zarah, wie sie auf dem Champs-Elysées nicht nur an deutsche Soldaten, sondern auch

an französische Verehrer Autogramme verteilt. Dieses Foto wurde in der schwedischen Presse mit einem freundlichen Text publiziert. Erst nach dem Krieg stand darunter: »*Sie schämte sich nicht, an die Besatzer von Paris Autogramme zu geben.*«
Über die Zarah-Begeisterung der Deutschen schrieb Günther Rühle später in der »Frankfurter Allgemeinen Zeitung« vom 24. Juni 1981:
»*Nie haben die Deutschen einen Kinostar mehr geliebt und verehrt als die Schwedin Zarah Leander. Es war ein süchtiges Verhältnis – von dessen Nachhaltigkeit sich mancher bei ihrer Wiederkehr in den 50er und 60er Jahren überzeugen konnte, der ihre großen Jahre noch miterlebte.*

Die Jahre des Zarah-Leander-Rausches waren die zwischen 1937 und 1942. Es gab kaum jemanden, dem die tiefe, fast männliche, oft dröhnende Stimme, die sich aber schnell leicht, elegant, keck, kokett und kapriziös geben konnte, nicht im Ohr klang, dem das schöne Gesicht, das sich dramatisch verdüstern, sinnlich verschleiern, tränenreich glänzen und auch die Heiterkeit einer überlegenen Frau gewinnen konnte, nicht vor Augen stand.

Zarah Leander war im Jahre 1936 für manche ein Fund in der Not und bald eine hochbezahlte Entdeckung. Niemand im deutschen Film hat eine höhere Gage bekommen, niemand wurde bald mehr inszeniert als sie. Ihre Berliner Premieren waren – von ihrem ersten deutschen Film Zu NEUEN UFERN an – großgemachte Ereignisse, halbe Staatsakte mit langer Wagenfahrt, Herrenbegleitung in Frack für die Diva und Spalier derer, die der Ufa-Pressechef Carl Opitz, ein Arrangeur sondergleichen, in die sanfte Hysterie der weit ins Land ausstrahlenden Vorerwartungen versetzt hatte.«

Und in einer zeitgenössischen Kritik von Werner Fiedler ist zu der Uraufführung ihres ersten Ufa-Filmes ZU NEUEN UFERN am 31. August 1937 in der »Deutschen Allgemeinen Zeitung« über ihren Chansonstil zu lesen:

»Und es gibt ganz wenige Sängerinnen, die auch das Chanson als eigenwillige Kunstform zu nehmen wissen, die ihm sein Recht lassen, seinen Wert geben, den Glanz und seine spielerische Leichtigkeit.

Zarah Leander erweist sich als eine solche Künstlerin in dem Film ZU NEUEN UFERN. Da spielt sie die gefeierte und verwegene Sängerin Gloria Vane, die das puritanische London der 40er Jahre zu Bannflüchen, die lockere Jugend aber zu Begeisterungsstürmen begeistert. Verdammt, was ist das aber auch für ein Chanson, was sie da vorträgt! Sie überrascht durch die vielen stimmlichen und

ZU NEUEN UFERN (1937)

schauspielerischen Nuancen und gibt sich ohne vampische Balzlaute mit einem feinen, gebändigten Charme. Ihre tiefe, weiche Stimme nimmt dem Text jede Schärfe, und bei den hellen, leichteren Passagen muß man an das Spiel heiteren Sonnenlichts über einem dunklen Wasser denken. Einer solchen Noblesse bei aller verführerischen Grazie begegnet man ganz selten. Dieser noblen Haltung gelingt es auch, einige schwer sentimentalen Lieder gefühlstief, aber nie gefühlstriefend, vorzutragen, selbst, wenn sie schließlich als Gefangene im Frauengefängnis Paramatta singen muß.«

Der »Berliner Lokalanzeiger« berichtete: *»Über allem aber liegt der Glanz einer Stimme. Sie ist so berauschend wie schwerer dunkler Wein. Sie kann so wuchtig klingen wie der Ton einer Orgel. So durchsichtig scheinen wie Glas, so tief wie Metall. In dieser Stimme ist alles: der Jubel, das Glück, des Lebens trunkene Melodie und sein wilder Schmerz. Und diese Stimme gehört Zarah Leander, der großen Schauspielerin, der neuentdeckten Tragödin des deutschen Films. Es ist nicht zuviel gesagt, wenn man behauptet, daß sie für den Tonfilm dasselbe bedeuten wird, was Asta Nielsen in ihrer Art für den Stummfilm war.«*

1938:
Heinrich George

In einem Rundfunkinterview im Jahre 1967 wurde Zarah Leander selbst zu ihrem Karrierebeginn in Berlin befragt:
Reporter: »*Und dann, 1937, kamen Sie zum ersten Mal nach Berlin und drehten hier Ihren ersten Film mit Willy Birgel Zu neuen Ufern. Und das war gleich ein großer Erfolg für Sie, nicht nur als Schauspielerin, sondern auch mit Ihren Schlagern, oder besser gesagt, mit Ihren Chansons.*«
Zarah Leander: »Ja, und das merkwürdige mit diesen drei Liedern aus dem Film (Zu neuen Ufern) Yes Sir!, Ich steh im Regen und Ich habe eine tiefe Sehnsucht in mir, das sind Lieder, die das Publikum noch immer hören möchte nach 30 Jahren, das ist merkwürdig. Und ich singe auch die Lieder ganz besonders gern.«
Reporter: »*Und dann ging es ja weiter Schlag auf Schlag. Ein Chanson möchte ich hier noch erwähnen, das ist das Lied Der Wind hat mir ein Lied erzählt (aus dem Film La Habanera), das haben Sie in vier Sprachen gesungen, und es hat die unwahrscheinliche Auflage von 24 Millionen Platten gehabt. Stimmt das wirklich? Weil es einfach eine Zahl ist, die heute kaum erreicht wird oder nie wieder erreicht worden ist?*«
Zarah Leander: Ja, das stimmt tatsächlich. Und das kam vielleicht deshalb, weil ich es selbst gesungen habe in diesen vier Sprachen, weil das Lied irgendwie in die Zeit hineingepaßt hat.

Reporter: »*Gnädige Frau, Sie haben dann doch auch mit Heinrich George zuammengearbeitet. Da gibt es eine sehr hübsche Episode, als er einmal die Pünktlichkeit eines Stars testen wollte.*«

Zarah Leander: »Ja, das war sehr schön. Heinrich George hab' ich auf der Bühne gesehen, und ich fand ihn phänomenal. Ich meine, gab's überhaupt einen größeren deutschen Schauspieler? Ich weiß nicht. Ich fand ihn phänomenal, und als es hieß, er sollte den Oberst in dem Sudermann-Stück HEIMAT spielen, hab' ich Angst gekriegt. Hab' gesagt, ich traue mich gar nicht, mit einem

Osterfest der Deutsch-Schwedischen Vereinigung am 1.4.1939 im Berliner Hotel »Esplanade« (mit Mutter, links sitzend, und Tochter Boel, links neben Zarah stehend)

Zarah Leander vor ihrem Haus, Am Wilpfad 24, Berlin, in dem sie von 1937 bis 1941 wohnte.

so großen Schauspieler zu spielen. Und der Regisseur Professor Froelich hat gesagt, du machst das aber trotzdem. Und da habe ich gedacht, da muß ich außerordentlich pünktlich sein. Aus Ehrfurcht und aus Bewunderung für Heinrich George wollte ich eine Stunde früher im Atelier sein und war um 8.00 Uhr fertig geschminkt, angezogen und frisiert und habe mich in eine Ecke hingesetzt, und nach einer Minute kam jemand auf mich zu und sagte: ›Wat, wat soll denn det, du bist hier?‹ Das war Heinrich George. Und da sagte ich: ›Herr George, ich habe dasselbe gedacht, du wärst ein Star und würdest zu spät kommen.‹ Und da antwortete Heinrich George: ›Ich hab' dasselbe gedacht‹, und wir haben beide gelacht und dann einen Sekt getrunken.«

Reporter: »*Gnädige Frau, Sie haben ja sehr viel in Berlin gearbeitet, und wenn Sie heute eine Chronik Ihres Lebens schrieben, würden Sie sagen, daß die Zeit in Berlin Ihr wichtigster Lebensabschnitt war?*«

Zarah Leander: »Ich kann nur sagen, die Zeit, die 30 Jahre, die vergangen sind, das glaubt man vielleicht nicht, wo ich doch so wahnsinnig viel erlebt habe und in so viel Ländern gewesen bin, daß die Zeit in Berlin für mein ganzes Leben absolut ausschlaggebend gewesen ist. Was ich in Berlin gelernt habe, ist für mich das Fundament für mein ganzes Leben geworden. Und deshalb, vielleicht aus Dankbarkeit, aus Sentiment, aus Liebe, bin ich heute in Berlin.«

Reporter: »*Gnädige Frau, das Lied, an das ich denke, ist das berühmte Chanson So BIN ICH UND SO BLEIBE ICH, und daher*

Verbeugungstournee in Holland und Konzert im Rundfunk, oben (1938)
Mit Gary Cooper und Wolfgang Liebeneier, unten (1938)

Zarah Leander mit ihrem Lieblingsbruder Gustaf Hedberg (1939)

meine Frage: Ist Zarah Leander so geblieben, und wird sie so bleiben, oder hat die Zeit sie geändert?«
Zarah Leander: Ich glaube nicht, daß die Zeit mich geändert hat, weil ich so bin, wie ich geboren wurde, mit guten Seiten und auch mit schlechten Seiten in meinem Charakter und in meinem Dasein. Und meine Stimme habe ich nie versucht zu ändern, das ist nicht eine Baßstimme, sondern das ist ein Kontraalt. Mein Aussehen kann ich auch nicht ändern, will ich auch nicht. Und so bin ich und so bleibe ich, yes Sir.

Von den zehn Filmen, die die Leander bis 1942 in Babelsberg bei der Ufa drehte, sind fünf Kostümfilme. Nur in DIE GROSSE LIEBE (1942) spielte sie eine zeitgenössische Rolle, die so angelegt war, daß sich die deutschen Frauen mit der Leander identifizieren sollten. Zarahs Karriere befand sich auf dem Höhepunkt. Ihre Lieder DER WIND HAT MIR EIN LIED ERZÄHLT, KANN DENN LIEBE SÜNDE SEIN, NUR NICHT AUS LIEBE WEINEN, ER HEISST WALDEMAR waren in aller Munde, und die Schallplatten erreichten Millionenauflagen. Viele dieser Titel nahm sie jeweils in deutsch, schwedisch und französisch auf. Aufnahmestudios standen ihr in Berlin, Stockholm und Paris zur Verfügung. Daher konnte sie auch Lieder von Komponisten, die im Reich verboten waren, wie z. B. BEI MIR BIST DU SCHÖN von Shalum Sekunda, im April 1938 in Stockholm ohne Schwierigkeiten aufnehmen.

Im Mai 1940 wählten die Leser einer Schweizer Filmzeitung sie zum Star Nummer 1. Erst an dritter Stelle fand man ihre

Landsmännin Greta Garbo. Marlene Dietrich landete weit abgeschlagen auf Platz 18. 1939 hatte sie sich mit ihren Film- und Schallplattengagen Lönö, einen komfortablen Landsitz in Schweden, gekauft. Ihre Karriere und ihr Gut Lönö nahmen sie voll in Anspruch. Im Deutschen Reich, das heißt in Berlin, hielt sie sich jeweils nur so lange auf, wie sie für Film- und Schallplattenaufnahmen gebraucht wurde. Im Gegensatz zu ihren ausländischen Kollegen wie Marika Rökk, Kristina Söderbaum oder Johannes Heesters, konnte sie das Reich ohne Probleme verlassen, da sie ihren schwedischen Paß behielt.
Sie mußte geglaubt haben, ihre schwedischen Landsleute akzeptierten, daß sie im nationalsozialistischen Deutschland gefeiert wurde, konnte sie doch während der Dreharbeiten zu Es WAR EINE RAUSCHENDE BALLNACHT den Berliner Zeitungen entnehmen, daß sich sogar das schwedische Staatsoberhaupt, König Gustav V., im Februar 1939 in Berlin aufhielt, um in der schwedischen Gesandtschaft den höchsten schwedischen Militärorden, das Großkreuz des Schwertordens mit Kette, an Hermann Göring zu überreichen. Vor Drehbeginn zu DIE GROSSE LIEBE, nach dem deutschen Überfall auf die Sowjetunion im Juni 1941, telegrafierte Gustav V. an Hitler und wünschte: »... *großen Erfolg im Niederschlagen des Bolschewismus.*« Nach Kriegsausbruch verdoppelte Schweden seinen Holzexport nach Deutschland und verfünffachte seinen Zelluloseexport. Die Granaten und Bomben, die die Deutschen auch gegen den dänischen und norwegischen Widerstand einsetzten, wurden zum großen Teil aus Schwedenerz hergestellt. Von 1933 bis

Seite 42/43: Zarah als Herrin und als Privatmensch auf Lönö (1939)

1945 stammten sage und schreibe bis zu 40 Prozent der Hitlerdeutschen Stahlproduktion aus schwedischen Erzen. Als Dank für die pünktlichen Lieferungen wurde Schweden von den Deutschen bevorzugt mit Kohle und Koks beliefert.

Den Kriegsausbruch nahm Zarah Leander jedoch mit gemischten Gefühlen auf. Goebbels notierte am 11. Januar 1940 in seinem Tagebuch:

»Frau Leander hat Sorgen wegen ihrer Kinder. Sie fürchtet, daß Schweden in den Konflikt hineingezogen werden könnte. Ich beruhigte sie etwas. Frauen sind gänzlich unpolitisch.«

Französisches Notenheft von DER WIND HAT MIR EIN LIED ERZÄHLT

1941:
»Die große Liebe«, Zarahs Hypothek

Reporter: *»... Sie haben vor allem in den dreißiger und in den frühen vierziger Jahren in einer ganzen Reihe von Filmen Hauptrollen gespielt, die Welterfolge gewesen sind, Filme, die allerdings zum Teil auch bis zu einem gewissen Grad auf der Linie der Partei damals lagen.«*
Zarah Leander: »Finden Sie?«
Reporter: *»Es gibt Leute, die das sagen.«*
Zarah Leander: »Damals hat man nur Filme gemacht von Liebe und Liebe und Treue und Treue und Liebe und was eine Frau fühlt für einen Mann und ein Mann für eine Frau.«

Der vorletzte Film, den die Leander für die Ufa drehte, bevor sie 1943 endgültig Deutschland verließ, war DIE GROSSE LIEBE unter der Regie von Rolf Hansen.
Der Luftwaffenpilot Paul Wendland (Viktor Staal) lernt die Sängerin Hanna Holberg (Zarah Leander) kennen. Liebe, Trennung, Wiedersehen, erneute Trennung, erneute große Liebe.
Die Lieder ICH WEISS, ES WIRD EINMAL EIN WUNDER GESCHEHN und DAVON GEHT DIE WELT NICHT UNTER haben die Zeit überdauert und sind Evergreens geworden.
Nach dem Krieg wurde ihr dieser Film als Propagandafilm angelastet, deshalb soll auf diese Produktion ausführlich eingegangen werden.

In einer Drehpause von DIE GROSSE LIEBE (1941/42) mit Viktor Staal (vorne), Franz Weihmeyer und Rolf Hansen

Am 23. und 24. September 1941 beginnen in Italien die Außenaufnahmen zu dem Zarah-Leander-Film Die grosse Liebe. *Der Ufa-Vorstand genehmigt am 24. September eine Rohkalkulation von 1 513 000 Reichsmark, die aber bald einer Korrektur bedarf. Am 18. Dezember werden die Kosten bereits auf 1 608 000 Reichsmark geschätzt. Man führt die Verteuerung auf die Dreharbeiten in dem Atelier Wien-Rosenhügel zurück, wo der Film vom 13. Oktober an in Arbeit war. In der zweiten Dezemberhälfte setzt der Regisseur Rolf Hansen die Dreharbeiten im Froelich-Studio in Berlin fort. Sie werden am 18. März 1942 abgeschlossen. Die Endkosten für den Film liegen mit 3 187 000 Reichsmark, allerdings inklusive Produktionsunkosten und eventuell Kopien, fast doppelt so hoch wie die Kalkulation vom Dezember 1941. Das Inlandseinspiel wird auf 9 000 000 Reichsmark geschätzt, der Gewinn auf 4 773 000 Reichsmark. Im 10. Monat nach der Uraufführung, die am 12. Juni 1942 in Berlin stattfand, hat der Film 7 993 000 Reichsmark eingespielt. Im November 1944 sind es 9,2 Millionen Reichsmark. Damit steht der Film* Die grosse Liebe *an vierter Stelle in der Erfolgsliste von rund 280 Filmen der staatsmittelbaren Filme, die seit 1941 erschienen sind. Er erreichte etwa 27,8 Millionen Besucher.*

Diese Auflistung stammt aus der Feder des Filmhistorikers Professor Karsten Witte, der den Film selber so bewertet:

»Helmut Regel zufolge ist Die grosse Liebe *der meistgesehene deutsche Film, den bis 1943 rund 27 Millionen Zuschauer besucht hatten. Dieser Erfolg ist zweifellos der Leander zuzu-*

schreiben, die, abweichend von ihrem Rollenklischee, einmal nicht das leidende Muttertier zu spielen hat, das für sein Kind jedwede Erniedrigung der Kunst hinnimmt. Hier ist sie strahlend, passioniert und sphinxhaft; als Ersatz-Dietrich ›sternbergisiert‹, nannte sie der Filmhistoriker Hull, MEIN LEBEN FÜR DIE LIEBE und ICH WEISS, ES WIRD EINMAL EIN WUNDER GESCHEHN, die legendären Lieder stammen aus diesem Film. DIE GROSSE LIEBE nimmt das Revueprinzip des Krieges, die permanente Unterbrechung, den permanenten Aufschub, in die Personen hinein. Abgesehen von zwei kurzen Revuebildern (die übliche

Zuhause in Schweden mit ihren Freunden (1941)

ZARAH LEANDER
wieder in Berlin

Nach einem längeren Erholungsaufenthalt in ihrer schwedischen Heimat traf ZARAH LEANDER wieder in Berlin ein, um sich neuer Filmarbeit zu widmen. Direktor CARL OPITZ von der Ufa begrüßte sie bei ihrer Ankunft auf dem Flugplatz Tempelhof

Phot.: Hoffmann

Zarah am 23.4.1941

Masse von Kavalieren in Zylindern) erscheint auf dem Theater nun die Kriegswirklichkeit auf zivilen Schauplätzen zwischen Berlin, Rom und Paris als Revuebild. Ob das Büro des Musikverlegers, die Bildtapeten der Wohnung Hanna Holbergs oder die Via Appia: immer scheinen die Räume zu Ideallandschaften stilisiert, zu Räumen, in denen neben kalter Pracht nur stolze Trauer herrscht. Der heroische Gestus des Aufschubs und Verzichts bestimmt die Dramaturgie. Und zwar noch bis in die Chargen, wenn Grethe Weiser als die Zofe der Leander im Luftschutzkeller den Bohnenkaffee an sich reißt mit der Bemerkung, so weit ginge die Volksgemeinschaft doch nicht. Dieser Lacher befreit den Zuschauer vom Druck, der ihn belastet; das Lachen aber über ihn, das ihm die Filmfiguren vorführen, fesselt ihn sogleich. Zielgehemmte Erotik. Im Fronteinsatz muß man auch der Heimat Triebaufschub auferlegen. Während der Offizier aber in allen Wirren den kühlen Kopf bewahrt, muß der verhängte Contactus interruptus für die Frau sich als neurotische Störung auswirken. Das ist Strafe im dramaturgischen Sinn und Glück im Darstellerischen zugleich. Denn man muß nur sehen, wie die Leander – im Gegensatz zum Robotertum der Marika Rökk und dem jungfräulichen Melodram der Söderbaum – ihre neurotisch gezeichnete Sinnlichkeit gegen alle Propagandaintentionen ihrer Auftritte behauptet. Fälschlicherweise hat man die Lieder der Leander als Durchhalte-Lieder bezeichnet, was für die Nach-Stalingrad-Produktion zutreffender wäre. Davon geht die Welt nicht unter, sie wird ja noch gebraucht! *– diese Hyperbel gilt weni-*

ger der Untergangsvision, sondern eher der grandiosen Verheißung und speist sich aus naivem Größenwahn einer Kolonialmacht, die 1942 schon Rittergüter für den Friedensschluß verteilt.«

Interessant ist es jetzt, aus einer zeitgenössischen Filmbetrachtung, entnommen der »Deutschen Allgemeinen Zeitung« vom 13. Juni 1942, geschrieben von Werner Fiedler, zu zitieren:

»*Berlin, Paris und Rom zeigen sich von der freundlichen Seite. Ja, die Via Appia wird als echte Kulisse für den Liebesschmerz der Varieté-Sängerin herangezogen. Aber der Krieg treibt es auch hart mit ihr. Afrika-Einsatz, Frankreichfeldzug und der Krieg im Osten entführen ihr immer wieder den Geliebten. Sogleich nach der ersten Nacht, dann direkt vom Polterabend weg, ja, der nächste Heiratsurlaub wird schon am ersten Tage abgebrochen. Zarah Leander fällt die schwere Aufgabe zu, den ganzen Film hindurch verlassen zu werden, Verlangen, Enttäuschung, Entsagung zu zeigen und immer wieder zuversichtlich und gläubig zu warten, eine Solveig der Skala. Ihre tiefe Stimme taucht tief hinab bis auf den Grund der Gefühle, und von dort steigt es auf in mächtigen Wallungen, Zärtlichkeit und Sehnsucht, kecke Forderung und schmerzlicher Verzicht. Ihre Chansons trägt sie mit Schmiß und Kultur vor. Mit ihrem* MEIN LEBEN FÜR DIE LIEBE, JAWOHL! *singt sie sich dem Flieger ins Herz hinein, und ihre Versicherung* ICH VERSCHWENDE MICH OHNE ENDE *bringt ihn auf höchste Touren. Ihr heiter überwindendes Lied* WENN MAL MEIN HERZ UNGLÜCKLICH LIEBT *mit dem flotten Kehrreim ›Davon geht die Welt nicht*

unter, sie wird ja noch gebraucht‹ begeistert die Verwundeten im Zuschauerraum nicht minder als ihre kriegsversehrten Kameraden auf der Leinwand. Und ihr Liebesgesang ICH WEISS, ES WIRD EINMAL EIN WUNDER GESCHEHN überzeugt sogar ihren hart-

Zarah gibt Autogramme in Paris (1941)

näckigen Verehrer, den Nebenbuhler des Kampffliegers, von der Größe der Liebe.«

Der amerikanische Filmhistoriker David Stewart Hull schreibt dazu:
»Der Zarah-Leander-Musikfilm ist ein interessanter Fall. Bei der Handlung ging es um eine Romanze zwischen einem jungen deutschen Luftwaffenoffizier, der sich im Urlaub in eine schöne Revue-Schauspielerin verliebt, und ihre ständigen Schwierigkeiten, da der Krieg ihre Verbindungen unterbricht. Regisseur Rolf Hansen schaffte es, die eigentlich banale Geschichte mit einer überzeugenden Aura von Kriegshysterie und ihrer Auswirkung auf die Zivilbevölkerung zu versehen. Obwohl der Film dem Musikgenre angehört, ist DIE GROSSE LIEBE eigentlich ein bitterer und pessimistischer Film, und der Propagandagehalt war so gering, daß es möglich war, den Film nach dem Krieg mit einem Einführungsvermerk wieder aufzuführen.«
Zarah Leander verkörperte wie keine andere die große Liebende und Leidende. Dadurch identifizierten sich besonders Frauen mit ihr. Im dritten Kriegsjahr mußten die Menschen mehr und mehr damit fertig werden, daß sie an der Entfaltung ihres privaten Glücks gehindert wurden und sich unabänderlichen Befehlen unterordnen mußten. Im Kino wurden sie von Zarah nicht nur getröstet, sondern ihnen wurde ein Lernprozeß vorgeführt. Zarah lernt, zwar widerwillig und unter Tränen, wie eine Liebe in Deutschland sich den immer härter werdenden Kriegsbedingungen des Jahres 1941 zu fügen hat.

Übrigens hatte dieser Film auch in der neutralen Schweiz seine Funktion erfüllt. In der Schweiz herrschte von September 1939 bis Mai 1945 die totale Mobilmachung, das heißt, die Schweizer Armee bewachte die Grenzen, die Soldaten waren im Dauereinsatz. Trennungsschmerz war auch in der Schweiz, wenn auch in gemilderter Form und nicht mit den tödlichen Konsequenzen wie im übrigen Europa, ein Gefühl, das jetzt der Therapie bedurfte. Daher lief DIE GROSSE LIEBE wochenlang in ausverkauften Kinos, obwohl die Schweizer Bevölkerung kein Interesse an einem Sieg Hitlers über Europa hatte. In der Schweiz wurden nicht alle Filme aus dem Dritten Reich zugelassen. Von der Zensur verboten wurden unter anderen die sogenannten Dokumentarfilme wie FELDZUG IN POLEN und SIEG IM WESTEN, ebenso Spielfilme wie KAMERADSCHAFT, FLUCHT INS DUNKEL, KADETTEN, WETTERLEUCHTEN UM BARBARA, KARL PETERS, WEISSE SKLAVEN, aber auch die Lessingverfälschung DAS FRÄULEIN VON BARNHELM. Der Euthanasiefilm ICH KLAGE AN mit Heidemarie Hatheyer wurde einzig in Zürich drei Wochen lang gezeigt und nachher von der kantonalen Polizeibehörde verboten (entnommen der Publikation »Der deutsche Film zwischen 1938 und 1945« von Buguslav Drewniak). Auch die Schweizer Kritik bewertete den Film durchaus positiv. So bemerkte der »Filmberater« vom November 1943 in Luzern:

»Zarah Leander verkörpert mit Zurückhaltung und einer Innerlichkeit, die wir bei ihr noch selten bewundern durften, die Gestalt der Sängerin Hanna Holberg (...) Der einzige Einwand, den wir machen müssen, ist die aufdringliche Art, wie der junge

Mann dem auf einem Urlaub entdeckten Mädchen nachsteigt. Ein Musterbeispiel, wie man es nicht machen soll.«
Die Chansons aus dem Film wurden damals nicht als Propagandalieder entlarvt. Aus meiner Sicht sind es Liebes- und Trostlieder, die nur im Zusammenhang mit dem Inhalt eine erzieherische Wirkung auslösten. Als Propagandalieder mit dem Ziel, Welteroberungspläne durchzusetzen, wären sie in der neutralen Schweiz nicht zum Einsatz gekommen. Erst nach dem Krieg wurden sie mit dem Prädikat »Durchhalte-Lieder« versehen. Viele, die dies behaupten, kennen noch nicht einmal die Texte. DAVON GEHT DIE WELT NICHT UNTER war übrigens schon ab Januar 1942 im Rundfunk zu hören. Dies geht aus den geheimen Lageberichten des Sicherheitsdienstes der SS hervor. Ihre Aufgabe war es, das Volk zu bespitzeln, und in ihren »Meldungen aus dem Reich« gaben sie ihre geheimen Lageberichte weiter. Unter »Stimmen zum Rundfunk« heißt es da am 22. Januar 1942:

»Es werde bedauert, daß in letzter Zeit Sendungen, die sich bewährt hätten, so lange immer wieder gebracht werden, daß die anfängliche Zustimmung in ihr Gegenteil umschlage. Es werde besonders an das häufige Auftreten Zarah Leanders mit ihrem Lied DAVON GEHT DIE WELT NICHT UNTER *erinnert.«*

Und am 5. Februar 1942:

»Nachdem man kurz vorher erst den Schlager DAVON GEHT DIE WELT NICHT UNTER *mit Zarah Leander nahezu zu Tode gehetzt habe, verfahre man jetzt mit den neuen Schlagern auf die gleiche Weise.«*

1941:
Zarahs treuester Textdichter in Gestapohaft

Zarahs treuester Textdichter Bruno Balz (1902–1988), der KANN DENN LIEBE SÜNDE SEIN, DER WIND HAT MIR EIN LIED ERZÄHLT verfaßte, hat unter dem Vorwurf, ein Durchhalte-Lied für die Nazis verfaßt zu haben, sehr gelitten. Er war alles andere als ein angepaßter Nazi. Sein sexuelles Verhalten entsprach nicht der Norm der damaligen Zeit, da er homosexuell war. Viele Homosexuelle wanderten während des Dritten Reiches in die KZs. Bruno Balz wurde 1941 denunziert. Er war drei Wochen in der Prinz-Albrecht-Straße bei der Gestapo und rechnete täglich damit, in ein KZ weitergeleitet zu werden, als der Filmkomponist Michael Jary mit der Begründung, er brauche ihn für den nächsten Zarah-Leander-Film, seine Freilassung bewirkte. Als Bruno Balz seine Zelle verlassen konnte, fiel ihm die Textzeile DAVON GEHT DIE WELT NICHT UNTER ein. Er meinte damit die Verfolgung, der er und seine Leidensgenossen ausgeliefert waren. Schon hatte er eine Liedzeile für einen Leander-Schlager. Daß dies im nachhinein mißinterpretiert wurde, ist besonders tragisch. Ansonsten konnte er sich damit trösten, daß die Kritikerin Karena Niehoff 1973 im »Tagesspiegel« über die Chansons und Lieder, die zum größten Teil aus seiner Feder stammen, schrieb:

»*Wie sind diese zum Teil ja wirklich weltläufigen, schnodderigen, emanzipierten Lieder, ihre hier und da fast süchtigen,*

Starfoto von 1941

schickschleifenden Melodien in die gedrückte Welt der sonst so ehrenpingeligen, kleinbürgerlichen, blauäugigen, strammen Nazis überhaupt einzubringen gewesen? Dergleichen war doch wohl undeutsches Liedgut und fast schon destruktiv.«

Aber nun wieder zurück zu Zarahs Filmkarriere, die sich im Jahre 1942 auf ihrem absoluten Höhepunkt befand. Abermals unter der Regie von Rolf Hansen stand sie für ihren letzten Ufa-Film DAMALS an 47 Drehtagen zwischen dem 15. August und dem 1. November 1942 vorerst zum letzten Mal vor einer Filmkamera. Der Film selber ist ein typisches Zarah-Leander-Melodram und gab Zarah die Möglichkeit, ihr urgewaltiges Leidenspathos, das ihre Anhänger auch heute noch so an ihr schätzen, zu entfalten. *»Zarah Leander stand für die Schönheit des Leidens, jede Entbehrung schien sie noch schöner zu machen.«* (Georg Seeßlen). Die beiden Lieder JEDE NACHT EIN NEUES GLÜCK und EINEN WIE DICH KÖNNT ICH LIEBEN trug sie souverän vor, sie bildeten die Highlights des Films. Neben ihrem bewährten Partner Hans Stüwe agierte auch der junge feurige Italiener Rossano Brazzi in seiner ersten Filmrolle als Zarah Leanders Liebhaber. Die Außenaufnahmen fanden in Rom statt. Noch nach Jahrzehnten erinnerte sich Brazzi an die Kußszene mit der Leander: *»Sie mußte so oft wiederholt werden, daß am Abend meine Lippen schon etwas geschwollen waren.«* Der Leander unterliefen dauernd kleine Patzer, aber beide schienen diese Wiederholungen zu genießen.

Starfoto von 1942

1943:
Abschied von Berlin und Ende des Ufa-Vertrages

Während der Dreharbeiten faßte Zarah Leander den Entschluß, ihre Filmkarriere in Deutschland vorerst zu beenden. Sie weihte nur wenige Menschen ein, unter anderem ihren Regisseur Rolf Hansen, der mir dies 1983 für die Filmdokumentation MEIN LEBEN FÜR ZARAH LEANDER mitteilte. Zur Uraufführung von DAMALS am 3. März 1943 kam sie zum letzten Mal während des Krieges nach Berlin. Es war längst nicht mehr ihr Berlin. Durch den fortschreitenden Krieg, durch die Bombardierung von seiten der Alliierten hatte sich das Leben in der Reichshauptstadt total verändert. Als die Leander nach der Premierenfeier ihre Grunewaldvilla, einen langgestreckten Bungalow an der Max-Eyth-Straße 12 b, in dem sie seit 1941 während ihrer Berlinaufenthalte jeweils residierte, mit ihren Kollegen aufsuchen wollte, brannte schon der Küchenflügel, von einer Brandbombe getroffen, lichterloh. Mit der Hilfe der Feuerwehr war nicht zu rechnen, ganz Berlin schien zu brennen. (Die Villa Am Wildpfad 24, die sie von 1937 bis 1941 bewohnte, steht heute noch und wird zur Zeit als Altenpflegeheim genutzt.)
Zarah Leander, die glaubte, sich aus der Politik heraushalten zu können, sah sich jetzt zum ersten Mal mit der realen Kriegswirklichkeit konfrontiert. Das Glück wohnte für sie nicht mehr

in Berlin, der Abschied fiel daher nicht schwer, zumal sie sich in Berlin ja immer nur als Gastarbeiterin gefühlt hatte. Ihre Familie wohnte längst in Sicherheit auf ihrem Gut Lönö in ihrer Heimat, dem neutralen, vom Krieg verschonten Schweden. Dorthin kehrte sie im April 1943 zurück, nachdem sie am 14. April noch die beiden Lieder aus dem Film DAMALS auf Schallplatte aufgenommen hatte. Von Saßnitz (Rügen) fuhr sie mit der Fähre nach Trelleborg. Ganz unspektakulär gestaltete sich ihr Abgang aus Deutschland und keinesfalls so dramatisch, wie Curt Riess in seinem 1956 erschienenen Buch DAS GAB'S NUR EINMAL geschildert hat:

»*Während einer Bombardierung Berlins fällt auch eine Bombe auf die Villa der Leander im Grunewald. Das kann eine Frau wie sie nicht weiter erschrecken. Sie läuft nicht, wie die Hausmädchen, schreiend und weinend aus dem Haus, sondern wirft aus dem Fenster ihres Schlafzimmers ihren wertvollsten Besitz nach unten, um ihn auf diese Weise zu retten. Allein drei Nerzmäntel finden auf diese Weise ihren Weg aus den Flammen. Freilich, als die Leander dann schließlich nach unten kommt – schon etwas versengt und wirklich nur Sekunden bevor das Haus zusammenstürzt, findet sie ihre Nerzmäntel nicht mehr – findet sie überhaupt nichts mehr von dem, was sie aus dem Fenster geworfen hat. Freundliche Nachbarn haben sich der Beute bemächtigt. Nun hat die Leander endgültig genug. Sie nimmt das nächste Flugzeug. In Schweden landet sie – mit zwei Perserbrücken. Der Presse erklärt sie, dies sei das einzige, was sie aus Deutschland gerettet habe.*«

Leider wird in dem amüsant zu lesenden Buch die gesamte Karriere der Leander so skandalös fehlerhaft beschrieben, was ja durchaus zu ertragen wäre, wenn nicht die Verbreitung dieser Unwahrheiten seitdem unentwegt in diversen Publikationen unzitiert und unkommentiert umherspukten. Fazit: Trübe Quellen werden oft so lange zitiert, bis sie sich zu einer Hauptquelle gemausert haben. Wenig trösten kann, daß schon vor mehr als 200 Jahren zu verfälschten Fakten Georg Christoph Lichtenberg (1742–1799) sagte: *»Leicht verfälschte Wahrheiten sind schrecklicher als Unwahrheiten.«* Da mir Kopien von Schriftstücken der Reichsfilmkammer vorliegen, die mir das Bundesarchiv Berlin dankenswerterweise zur Verfügung stellte, versuche ich nun, das Ende der Ufa-Karriere der Leander zu rekonstruieren:

Die Leander war vertraglich noch bis zum 31. August 1943 an die Ufa gebunden. Am 1. April sollte der nächste Film ins Atelier gehen. Aber sie wollte nicht mehr. Um Zeit zu gewinnen, lehnte sie daher alle Drehbuchvorschläge ab. Da die Wahl der Stoffe ihr überlassen blieb, war dies nichts Außergewöhnliches, hatte sie doch schon in den vergangenen Jahren öfters Vorschläge abgelehnt, die daher nicht realisiert werden konnten. Geplante Titel waren KATHARINA VON RUSSLAND (konnte nach dem Überfall auf die Sowjetunion nicht mehr verwirklicht werden), auch AURORA VON KÖNIGSMARK sowie TRÄUMEREI (das Leben der Clara Schumann) sind mit ihr nicht realisiert worden. TRÄUMEREI wurde später mit Hilde Krahl verfilmt und hatte am 3. Mai 1944 Premiere. Es war nur Taktik, daß sich

Zarah Leander am 13. Oktober 1942 nochmals »überreden« ließ, 1943 einen weiteren Film bei der Ufa zu drehen. Vorausgegangen war auch, daß sie im Herbst 1942 von Goebbels höchst persönlich gebeten wurde, die deutsche Staatsangehörigkeit anzunehmen, um dadurch die leidige 53-Prozent-Gagenforderung in Schwedenkronen an ihre Stockholmer Bank aus der Welt zu schaffen. Staatsschauspielerin sollte sie werden, obwohl Hitler ohne Nennung von Gründen dies in der Vergangenheit bereits zweimal abgelehnt hatte. Geschäftstüchtig, wie Zarah Leander immer war, hat sie nach dieser Unterredung zuerst an ihre wertvollen Antiquitäten gedacht, die sich im Laufe der Jahre hier in Berlin angesammelt hatten, und ob es ihr wohl gelingen würde, dieselben heil nach Lönö zu transportieren. Es ist ihr gelungen. Dazu brauchte sie aber die Genehmigung des Wirtschaftsministers Walther Funk. Sie lud ihn daher zu sich ein, um mit ihm eine Wette einzugehen, unter dem Motto: Wer verträgt mehr Alkohol? Der Gewinner sollte einen Wunsch frei haben. Die Wette zu gewinnen fiel der trinkfesten Zarah nicht schwer. Zwei Güterwagen mit kostbarem Inhalt fuhren danach gen Schweden.

Im Mai 1943 wurde Zarah Leander von dem Regisseur Rolf Hansen und dem Produktionsleiter Walter Bolz in Lönö aufgesucht, um mit ihr die nächsten Filmvorhaben zu besprechen.

In einem Brief vom 8. September 1943 von der Ufa an das Reichspropagandaministerium ist dazu folgendes zu lesen:

»Am 13.10.1942 wurde eine Vereinbarung mit Frau Leander über einen Film getroffen, der am 1.4.1943 beginnen und vier

Monate später endigen sollte. Für ihre Tätigkeit sollte sie ein Pauschalhonorar von Reichsmark 250 000 erhalten, von denen Reichsmark 175 000 in Reichsmark und Reichsmark 75 000 in Schwedenkronen in fünf Monatsraten auszuzahlen gewesen wären.

Vorgesehen war der Film METROPOL, *späterer Titel* EIN SCHÖNES PAAR. *Frau Leander fand zwar Gefallen an dem Stoff, konnte sich aber mit der Übernahme der weiblichen Hauptrolle nicht*

Nach einem Besuch eines Stockholmer Theaters (November 1942)

befreunden und brachte von sich aus den Vorschlag, den Stoff D‍IE LUSTIGE W‍ITWE *zur Grundlage eines Filmvorhabens für sie zu machen. Auf unsere Einwendungen, daß zur Vorbereitung dieses Stoffes der in ihrem Vertrag festgelegte Termin, der 1. April, nicht eingehalten werden könnte, erklärte sie sich mit einer Verlegung des Vertragsbeginnes auf den 1. Juli, eventuell auch auf den 1. August, einverstanden.*

Das Filmvorhaben konnte nicht verwirklicht werden, Frau Leander sollte einerseits Reichsmark 75 000 in Schwedenkronen erhalten, andererseits konnte uns der Feindkommissar die Stoffrechte nur mit dem Vorbehalt übertragen, daß der Film nicht im Ausland gezeigt wird. Somit war mit Deviseneingängen nicht zu rechnen. Auf diesen Umstand hatten wir vorsorglich hingewiesen, als der Gedanke an die Verfilmung des Stoffes L‍USTIGE W‍ITWE *auftauchte. Frau Leander wurde von unseren Herren Bolz und Hansen Anfang Mai persönlich davon unterrichtet, daß die Durchführung des Filmvorhabens* D‍IE LUSTIGE W‍ITWE *nicht möglich sei.*

Es kam zu erneuten Besprechungen über das Buch METROPOL, EIN SCHÖNES PAAR, *das Frau Leander aber wiederum ablehnte. Sie schlug vor, den bestehenden Vertrag zu annullieren und bat uns, für sie einen neuen Stoff zu schaffen, dessen Auswahl Herrn Professor Liebeneiner vorbehalten bleiben sollte. Sie wies hierbei darauf hin, daß sie in etwa drei Wochen, also ca. Ende Mai, nach Berlin käme, um über den neuen Stoffvorschlag mit uns zu verhandeln.*

Wir baten Frau Leander am 15. Mai, von einer Annullierung

des Vertrages abzusehen und sich damit einverstanden zu erklären, daß der Vertragsbeginn bis spätestens 31.8. verschoben werde. Diesen Brief hat Frau Leander angeblich nie erhalten, so daß wir ihn am 29.5. nochmals zur Absendung brachten. Auf unsere telefonische Anfrage am 18. Juni hörten wir von Frau Leander, daß dieses Schreiben immer noch nicht eingetroffen sei, so daß wir es zum dritten Mal über die Abwehrstelle mit dem Flugzeug am 18. Juni direkt nach Stockholm sandten. Bei dieser Gelegenheit informierten wir sie darüber, daß wir neue Stoffvorschläge für sie bereit hätten und daß wir ihrem Besuch in Berlin entgegensehen. Diesen Besuch aber wollte sie erst unternehmen, wenn das oben erwähnte Schreiben in ihren Händen sei.

Am 23.6. telegrafierte Frau Leander, daß sie um ein Zusammentreffen in Stockholm mit einem unserer Bevollmächtigten bäte. Dieses Zusammentreffen fand nicht statt, da es für wünschenswert gehalten wurde, die Verhandlungen mit Frau Leander in Berlin zu führen. Mehrere Telefonate und Telegramme brachten die Angelegenheit nicht weiter, um so mehr, als Frau Leander wiederholt von uns telefonisch nicht zu erreichen war.

Wir waren inzwischen ermächtigt worden, die Verhandlungen mit Frau Leander derart zu führen, daß es eventuell zu einer Lösung des Vertrages mit ihr kommen konnte. Bei einem neuerlichen Anruf der Frau Leander aus Stockholm waren wir aber dennoch mit Frau Leander so verblieben, daß wir bis Ende August mehrere Entwürfe fertigstellen und ihr zusenden

würden. Bei dieser Gelegenheit haben wir, um eine ganz neue Rechtslage zu schaffen, die von ihr gewünschte Annullierung des Vertrages bestätigt und mit ihr verabredet, daß wir nach Annahme eines Stoffes durch sie Ende August neue Vertragsverhandlungen führen würden.
Wir schickten Frau Leander am 2.8. die Stoffe Die Herrin von Holgersenhof *nach einer Idee von Rolf Hansen und* Eine seltsame Frau *von Harald Bratt. Hierauf bat Frau Leander am 11.8. um telefonischen Anruf, der am 12.8. erfolgte und bei dem sie erklärte, daß beide Stoffe völlig ungeeignet seien.*
Auf unsere Bemerkung, daß der Stoff Die Herrin von Holgersenhof *auf ihre Anregung hin geschrieben worden sei, erklärte sie, daß dies zwar zuträfe, sie sich aber etwas ganz anderes vorgestellt habe. Sie bäte die Ufa um neue Vorschläge.*
Am 31. August 1943 telegrafierten wir Frau Leander, daß wir um eine Erklärung darüber bäten, wie die von uns gewünschte Zusammenarbeit fortgeführt werden könne.
Einem Telegramm aus Stockholm am 2.9. entnehmen wir, daß Frau Leander im Stockholmer ›Dagens Nyheter‹ bekanntgegeben habe, daß ihr Kontrakt mit der Ufa am 31. August 1943 abgelaufen sei.
Abschließend ist noch zu vermerken, daß sich Schwierigkeiten hinsichtlich der Auszahlungsmöglichkeiten von Devisen an Frau Leander ergeben hatten, die sich über die Zeit vom Vertragsabschluß im Oktober 1942 bis zum Mai 1943 hinzogen. Frau Leander hat in ihrem Verkehr mit der Ufa ein Verhalten an den Tag gelegt, das ganz zweifellos auf eine gewollte Ver-

zögerung hinauslief, insbesondere erhellt das aus dem Umstand, daß Frau Leander den mehrfach zugesagten Besuch in Berlin zur mündlichen Fortsetzung der Verhandlungen nicht vorgenommen hat. Außerdem hat sie eine von ihr zugesagte Synchronisationstätigkeit in Paris ebenfalls nicht ausgeübt.

Unterschrift: Ufa Filmkunst GmbH
gez. Stüdemann.«
(Quelle: Bundesarchiv)

Ab 1. September 1943 war die Leander von ihrem Ufa-Vertrag »befreit« und glaubte, naiv, wie sie war, in Schweden ihre Karriere fortsetzen zu können. Doch inzwischen war die Nach-Stalingrad-Ära angebrochen, und die Anti-Deutsche-Haltung setzte sich in Schweden immer mehr durch. Die Leander saß zwischen den Stühlen. Sie wurde wie eine Feindin behandelt. Die Anklage lautete: *Sie hat für die Nazis gefilmt.*
Da sie aber einen Vertrag mit der Ufa hatte und nicht mit Goebbels oder der NSDAP, konnte sie während des Krieges einem schwedischen Journalisten auf dessen Frage, wie es sei, bei den Nazis zu filmen, getrost antworten: »*Beim Film gibt es keine.*« Außerdem glaubte sie als neutrale Schwedin, sich aus der Politik heraushalten zu können. Die schmale Gratwanderung zwischen Ruhm und Unabhängigkeit gelang nur zeitweise. Sie war Trost für das Publikum und gleichzeitig Werbung für das Regime. Der Regisseur Douglas Sirk alias Detlev

Sirck, der mit ihr 1937 die beiden Filme Zu NEUEN UFERN und LA HABANERA drehte, bevor er Ende 1937 über Frankreich in die USA emigrierte, meinte dazu in den achtziger Jahren: »*Zarah war weder Nazi noch Nichtnazi, sie wollte Karriere machen.*« Sie selber hat es auch akzeptiert, nach dem Krieg als »politische Idiotin« bezeichnet zu werden und meinte, sie habe ja nur Liebesfilme gedreht. Selbst in dem Kriegs- und Propagandafilm DIE GROSSE LIEBE spielte sie so, daß der Filmhistoriker Karsten Witte ihrer Filmfigur »*eine schwere neurotische Störung*« diagnostiziert und feststellte, »*… denn im Gegensatz zu ihrem Lied weiß Leander, daß kein Wunder geschehen wird, das sie für ihren permanenten Aufschub entschädigt. Der letzte Blick gilt nicht dem künftigen Gatten, sondern dem Himmel, aus dem eine Fliegerstaffel bricht. Diese Verheißung des militärischen Sieges besiegelt nur ihre erotische Niederlage, ihr* »*Zerbrochenwerden durch den Krieg*«.

Zwischen allen Stühlen saß die Leander nun, aber immerhin war es ein komfortabler Landsitz, den sie sich von ihren Filmgagen und vor allem von den Einnahmen ihrer Schallplatten 1939 erworben und ausgebaut hatte. Das Haus bestand aus zwei Etagen mit 39 Zimmern, die alle mit Antiquitäten, aber auch moderner Kunst bestückt waren. Das Paradestück und Zarahs Lieblingszimmer war die Bibliothek im Erdgeschoß. Zum Gut Lönö gehören 59 000 Quadratmeter Grund, Fischgewässer mit großem Heringsbestand, Wälder, Äcker sowie 22 Inseln, Holme und Scheren. Hier lebt es sich gut, hier wartete die Leander auf einen günstigen Zeitpunkt, ihre Karriere in Schweden fortzusetzen.

Die Chance bot sich 1944. Sie verhandelte mit dem Produzenten Gustaf Wally, in seiner Sommerrevue als Primadonna herausgestellt zu werden. Im letzten Augenblick entschied dieser sich, die Rolle der ebenfalls aus Deutschland »emigrierten« Rosita Serrano zu geben. Die Leander war gekränkt, zumal ihr zugetragen wurde, daß die Revue ein Chanson enthielt, das sich negativ mit ihrer Ufa-Filmkarriere im Dritten Reich auseinandersetzte. Zarah Leander beklagte sich darauf bei ihrem langjährigen Förderer und Partner ihrer schwedischen Karriere, dem Maurice Chevallier des Nordens, Karl Gerhard, der dazu in seinen 1952 erschienenen Memoiren folgendes schreibt:

»Zarah rief mich eines Nachts an, tiefgekränkt, weil man ihr die Rolle weggenommen hatte, und war sehr deprimiert über die ganze Vorstellung, der sie inzwischen beigewohnt hatte. Sie sei darin weiteren Beleidigungen ausgesetzt, meinte sie. In einem Lied, das ihren Berliner Triumphzug behandelte, sei man ihrer Ehre als Frau zu nahe getreten, und sie müsse sich bei jemandem aussprechen. Da ich mich immer schon leicht engagiere, wenn mich ein Freund um Beistand bittet, machte ich Zarahs Sache sofort zu meiner eigenen. Ich schlug ihr vor, sie solle, ohne lange zu zögern, zu mir kommen. Feige bin ich nun mal nicht, redete ich mir ein, und was die Leute reden würden, ging mich nichts an, und übrigens – wer sonst hatte wohl das Recht, Zarah zu engagieren, wenn nicht ich? War

ihre Rückkehr in die Heimat nicht auch eine Niederlage für Hitler? Mich konnte ja wirklich niemand eines Kompromisses verdächtigen, und es war doch nur eine Frage der Zeit, bis Deutschland besiegt sein sollte.«

Karl Gerhard beabsichtigte nun, Zarah Leander in seiner nächsten Revue herauszubringen, aber die Dinge entwickelten sich ungünstig. Es kam zu einer Pressekampagne gegen ihr Auftreten. Dazu wiederum Karl Gerhard:

»Zarah war sichtlich erschüttert, als sie sah, welche Ausmaße die Ereignisse annahmen. Ebenso wie ich hatte sie fälschlicherweise geglaubt, daß ihr unter meinem Schutz nichts Böses widerfahren könne. Wahrscheinlich hätte ein Engagement bei Gustav Wally weniger Aufsehen erregt. Zarah bat mich um Lösung ihres Vertrages, aber ich schlug vor, nichts zu überstürzen. Ich gab in meiner Villa in Salsjöbaden einen großen Empfang und lud dazu die Stockholmer Presse sowie einige nichts Böses ahnende Freunde und Kollegen ein. Es war eine sehr repräsentative Versammlung, die sich hier zu vielfacher Verwunderung in einer Art Gallup-Untersuchung bestätigen sollte. (Gallup: Institut für Meinungsforschung) *Die meisten begegneten Zarah sehr freundlich, sowohl Pauline Brunius als auch Alma Söderhelm machten ihr Mut, und ich glaube, die Grundstimmung war günstig. Diejenigen, die Bedenken hatten, hielten vielleicht nur den Zeitpunkt für Zarahs Rückkehr an das schwedische Theater für schlecht gewählt. Für die Deutschen stand es schlecht, für Zarah hätte es also besser ausgesehen, wenn sie noch etwas gewartet hätte. Einige waren so in-*

Mit Karl Gerhard in U̲n̲t̲e̲r̲ ̲u̲n̲s̲ ̲G̲r̲i̲e̲c̲h̲e̲n̲ (1933) ▷

digniert darüber, daß sie genötigt waren, Zarah zu begegnen, daß sie den Empfang verließen, freilich erst nach dem Essen. Dieser Lunch, der zu allem Unglück am 14. Juli stattfand, war nicht sonderlich geglückt. Daß es auf diesen Tag verlegt war, war ein Zufall, weswegen diejenigen, die mir telegrafisch die Leviten lasen wegen meiner Art, den Nationaltag Frankreichs zu feiern, sich um ungelegte Eier kümmerten. Aber es hinterließ doch einen schlechten Eindruck. Aus dem Engagement wurde nichts. Nachdem Zarah Einblick in den Brief des dänisch-norwegischen Künstlerkreises erhalten hatte, zog sie sich zurück. Zarahs offener Brief (an die Presse) *wurde durch ihr Bestreben im »Aftonbladet« veröffentlicht und verursachte weitere Pressekampagnien. Zarah zog sich nach Lönö zurück, wo sie für Anrufer unerreichbar blieb, was für mich sehr unbequem war, da ich mit ihr die bei einem Angriff stets notwendige Verteidigung abstimmen mußte. Die Suppe, die ich mir eingebrockt hatte, mußte ich immer wieder und immer wieder auslöffeln. Zarah hatte sich bei einem Interview während des berühmten Lunches als politischen Idioten bezeichnet. Dies wurde ein gangbarer Ausdruck, der wohl auf jeden von uns zugetroffen hätte.*

Zarahs Künstlerlaufbahn ist hinreichend ruhmvoll für sie und hat ihr eine solche Unabhängigkeit geschenkt, daß sie eine nähere Untersuchung verträgt. Ich denke zurück an ihre erste Probe bei mir. Das war in Göteborg im Februar 1930. Sie sollte in der Stockholmer Revue KARL GERHARDS NEUBAU *mitwirken, wo ihr ein paar uninteressante Lieder zur Aufgabe ge-*

stellt wurden. In der Erscheinung war es ein großer Unterschied zwischen der später so prächtigen Diva und der Theaternärrin im weißen Kaninchenpelz, welche mit unsicheren, wenn auch nicht leichten Schritten ihren Platz auf der Bühne einnahm ... Die sommersprossige, vollblütige Zarah aus Karlstad, ... war scheu und verbissen, ängstlich vor den kühnen Schritten, die sie machte, aber gewappnet, sich mit dem Schnabel und den Krallen einer Vogelmutter gegen eine Welt voller Gefahren zur Wehr zu setzen. Sie war fest entschlossen, sich mit ihren Kindern das tägliche Brot zu verschaffen, und sie ließ sich nicht unterkriegen, bevor sie ihr Ziel erreichte. Schloß Lönö ist die sichtbare Krönung ihrer Karriere, und die königliche schwedische Mißgunst mag auch noch solche neidvollen Geschichten erfinden – aber unbestritten hat sich der Mensch tüchtig geschlagen. Ein Schloß zu erben ist in unserem Lande niemals auf irgendeine Weise als unpassend angesehen worden, aber ist es nicht bedeutend rühmlicher, sich so etwas aus eigener Kraft zu verdienen?«

1944:
Eine Schlagzeile im Reich: »Zarah Leander, ein Freund der Juden!«

Bei diesem von Karl Gerhard arrangierten Zusammentreffen mit schwedischen Journalisten am 14. Juli 1944 wurde die Leander auch zu ihrem Verhältnis zu jüdischen Kollegen befragt. Teile dieses Interviews wurden in einigen Zeitungen im Reich verbreitet. »Der Stoßtrupp« schrieb am 20. Juli 1944:
»*Zarah Leander, ein Freund der Juden.*«
»*Der früher in Deutschland bekannte schwedische Filmstar Zarah Leander wird im Herbst in einer Revue im Stockholmer Zirkus auftreten, die vom Deutschenhetzer Gerhard geleitet wird.*
Gerhard ist ein bekannter Salonbolschewist, der seine Wanderrevuen in ganz Schweden zu hemmungsloser politischer Agitation benutzt. Das Stockholmer Kommunistenorgan ›Ny Dag‹ veröffentlicht ein Interview mit Zarah Leander, worin diese sich als Freund der Juden bekennt und die Frage, ob sie antideutsche Couplets singen werde, vollkommen dem Revueveranstalter überläßt.«
Dieses Interview schlug im Reich wie eine Bombe ein. Wie Zarahs Publikum deren Abwesenheit registrierte, beschrieb Günther Rühle im nachhinein treffend:
»*Für viele war das ein Schock, für manche ein Menetekel. Im*

Gemunkel ›Zarah Leander ist fort‹ (in der Katastrophe von Stalingrad) steckte ein Gefühl von Verlassenwerden, von werdendem Untergang. Der üppigste, allgemeinste, illusionsstärkste Liebesgegenstand war in der beginnenden Kriegsermattung verloren.« (Frankfurter Allgemeine Zeitung, 24.6.1981)

Und jetzt auch noch die Schlagzeile: *Zarah Leander, ein Freund der Juden!*

Deshalb berichtet der Reichsfilmintendant an den *Herrn Reichsminister Dr. Goebbels:*

»Durch den Sachverständigen unseres Hauses bei der deutschen Gesandtschaft in Stockholm wurden wir am Sonnabend, dem 15. Juli, davon unterrichtet, daß Frau Leander sich jetzt eindeutig gegen Deutschland ausgesprochen habe. Nähere Einzelheiten sollten auf dem Kurierweg über das Auswärtige Amt an uns gelangen. Am gleichen Tage erschien bereits im ›Hamburger Tageblatt‹ eine Meldung, nach der Zarah Leander in einer Revue des Deutschenhetzers Paul (Karl) *Gerhard auftreten würde. Obwohl die Meldung durch mich am Sonntag über die Abteilung DP sofort gesperrt wurde, ist sie leider noch in einigen anderen Zeitungen des Reiches erschienen. In der Zwischenzeit wurden dem Herrn Minister auch die Interviews vorgelegt, die Zarah Leander einigen schwedischen Zeitungen gegeben haben soll und die vom »Associated Press-Büro« veröffentlicht wurden. Die Echtheit dieser Interviews kann angezweifelt werden. Sie werden aber wahrscheinlich in dem noch ausstehenden Bericht der deutschen Gesandtschaft Stockholm ausgesprochen.*

Während Zarah Leander 1944 in Stockholm ihr schwedisches Comeback erwartete, meldeten deutsche Zeitungen folgendes:

> **Zarah Leander ein Freund der Juden**
>
> Der früher in Deutschland bekannte schwedische Filmstar Zarah Leander wird im Herbst in einer Revue im Stockholmer Zirkus auftreten, die vom Deutschenhetzer Gerhardt geleitet wird. Gerhardt ist ein bekannter Salonbolschewist, der seine Wanderrevuen in ganz Schweden zu hemmungsloser politischer Agitation benutzt. Das Stockholmer Kommunistenorgan „Ny Dag" veröffentlicht ein Interview mit Zarah Leander, worin diese sich als Freund der Juden bekennt und die Frage, ob sie antideutsche Couplets singen werde, vollkommen dem Revueveranstalter überläßt.
>
> ───────────────────────────────
>
> Herausgeber: Feldpostnummer 925.
> Verantw. Schriftleiter: Uffz. Feldmeyer.
> Druck: PAOM. PK-Druckereizug „Memel".

Durch die veröffentlichte Meldung über das Auftreten Zarah Leanders in einer angeblichen Hetzrevue sind in verschiedenen Gauen unfreundliche Reaktionen aufgetreten. Es haben bereits die Reichspropagandaämter Hamburg, Stuttgart, Breslau und Dessau bei uns angefragt, ob aufgrund dieser Veröffentlichung die Leanderfilme aus dem Verleih zurückgezogen werden. RPA Dessau hat bereits alle Filme für den Gau Magdeburg-Anhalt von sich aus verboten.
(…) Dem Herrn Minister werden von uns noch die Einzelheiten vorgelegt, wenn die Unterlagen der deutschen Gesandt-

schaft Stockholm vorhanden sind. Gleichzeitig werden dann auch Vorschläge zur Behandlung der Leanderfilme im In- und Ausland gemacht. Ich darf vielleicht schon jetzt darauf hinweisen, daß z. Zt. in den Filmtheatern des Reiches 500 Kopien als Reprisen laufen, die insgesamt 3^1/$_2$ Millionen Reichsmark im Jahre einspielen werden. Auf das Geld kann man ohne Zweifel verzichten, es wird aber für den deutschen Filmvertrieb unerhört schwierig sein, 500 Theater mit anderen Filmen zu versorgen und die Filme PREMIERE, LA HABANERA, HEIMAT, BLAUFUCHS, DAS HERZ DER KÖNIGIN, DER WEG INS FREIE, DIE GROSSE LIEBE und DAMALS aus dem Verleih zurückzuziehen.

Im Ausland ist die Situation noch schwieriger, da die Leanderfilme durch Verträge an die Theaterbesitzer vermietet wurden und eine Zurückziehung Schadenersatzprozesse mit Verlusten an Edeldevisen folgen können. Darüber hinaus waren die Leanderfilme die Lokomotive für die ganze deutsche Produktion, deren Verkauf damit in Frage gestellt wäre. Für das Ausland können wir dem Herrn Minister die statistischen Unterlagen auch in einigen Tagen liefern.

Ich darf dem Herrn Minister nach Eingang der Stockholmer Unterlagen erneut berichten und werde schon von mir aus das von einem RPA ausgesprochene Verbot der Leanderfilme rückgängig machen.

Heil Hitler!«
Unterschrift unleserlich.
(Quelle: Bundesarchiv)

1944:
Heinrich Himmler zum Abgang der Leander

In den deutschen Zeitungen wurden fortan keine Artikel mehr über die Leander publiziert. Nur einmal erschien ein »Nachruf« in dem von Heinrich Himmler herausgegebenen »Politischen Dienst für SS und Polizei«: Zu NEUEN UFERN
»Wir sahen sie eine Zeitlang nicht, das Überweib Zarah Leander. Kaum wissen wir noch, wie das war, als sie zum ersten Mal im deutschen Film auftrat ... KANN DENN LIEBE SÜNDE SEIN, *bei ihr war sie es nicht, und wenn sie es wäre – und den Eindruck hatte man bei ihr oft –, so war es ihr egal. Yes Sir – der Weg zur Dirne war bei ihr nie weit und ein vollendet begangener Schleichpfad zum Glück.* MEIN LEBEN FÜR DIE LIEBE, JAWOHL! EINE FRAU WIRD ERST SCHÖN DURCH DIE LIEBE – *die sich in Ruhm und Geld umsetzen läßt.*
So ging es endlos in ihren Filmen – als der Krieg ausbrach, schaltete sie einen neuen Gang heroischer Leidenschaft ein. Immer wieder fiel sie auf die Füße, und sie fiel oft und mit Inbrunst in zweideutige Situationen. Ganz echt und ganz zu Hause war sie aber in den Bars, in den Tanzlokalen und in dem Milieu der Chansonsängerin, wo sie sich und ihre Fähigkeiten ungehemmt anpreisen konnte.
ICH WEISS, ES WIRD EINMAL EIN WUNDER GESCHEHN *und das Wunder geschah: Zarah spielte die brave Ehegattin und die aufopfernde Mutter, und das Publikum war zu Tränen gerührt ob*

so viel selbstlosen Frauentums. Nur die Gage stieg dabei, und die Skala der Gefühle der Zeitgenossen wurde restlos abgenutzt, und die jungen Mädchen versuchten, die kleine Kokotte zu spielen, solange es zu der großen ihres Schlages nicht reichte.
Ihr Thema aber blieb die Liebe, dort war am meisten zu verdienen. Ob sie jemals hingebungsvoll und echt geliebt hat, sei dahingestellt. Es scheint, daß für diese importierte Schwedin, kühl, berechnend und raffiniert, wie sie war, die Liebe nie mehr als ein Spiel gewesen ist, das sie auf der Leinwand und mit den verworrenen Gefühlen eines unzulänglich unterrichteten Publikums geschmeidig und finanziell sehr bekömmlich jahrelang betrieb.
Erst hat sie eine mondäne Frau in Deutschland darstellen und dann fortschreitend die deutsche Frau verdrängen und ersetzen wollen. Wir haben sie dabei großgemacht. Ihre Bilder haben jeden Bunker geschmückt, und sie war für viele Landser der Inbegriff der Weiblichkeit geworden. Nun sitzt wohl der Iwan in den Bunkern und kann sich an ihrem polierten Lächeln ergötzen. Wir wünschen ihm gute Unterhaltung dabei!
Zarah ist entschwunden. Sie ist davongefahren, als bei uns die Wiese der Erotik abgegrast und genug Geld verdient war. Man kann sie zwar noch ausleihen, und mit mir eventuell Devisen erobern, aber wir sind vor neuen Filmen bewahrt, und die deutsche Frau kann wieder Atem holen.
Zarah schwamm Zu neuen Ufern davon. Nur nicht aus Liebe weinen, wir trauern ihr nicht nach. War es ein Reinfall? – Davon

Starfoto von 1942 ▷

GEHT DIE WELT NICHT UNTER – klingt höhnisch unsere Erkenntnis hintendrein.«

Die Leander hat die Auseinandersetzung um ihre Person aus der Perspektive des Involviertseins mit der Politik nie verstanden. Für sie waren immer nur ihr Publikum, der Applaus, die Zuwendung und sicher auch die nicht geringe Gage entscheidend für ihr künstlerisches Engagement. In ihren 1972 erschienenen Memoiren Es war so wunderbar mein Leben sagt sie dazu:

»Wo steht denn geschrieben, daß ausgerechnet Künstler etwas von Politik verstehen müssen? Ich bin fast froh darüber, daß man mir das Etikett ›politischer Idiot‹ aufgeklebt hat. Wenn ich das aber wirklich bin, sollte man mich mit grundlosen Anklagen wegen einer politisch fragwürdigen ›Vergangenheit‹ in Ruhe lassen.

In einem Fernsehprogramm hat mich Lasse Holmquist unverblümt gefragt: ›Warst du Nazi?‹ Und ich habe ebenso unverblümt geantwortet: Nein! Ich habe schon längst jegliches Interesse für diesen ganzen Fragenkomplex verloren, und doch muß ich immer wieder mit demselben kategorischen Nein! auf dieselbe dumme Frage antworten. Ich weiß von vielen, vielen Menschen in Europa und sogar hier in Schweden, die aus Begeisterung oder Opportunismus Nazis waren, die aber ihren ›Glauben‹ und ihre Ansichten gewechselt haben und nun als ganz untadelig gelten. Ich konnte die politische Farbe nicht wechseln, weil ich nie eine gehabt habe.«

1947:
Zaghaftes Comeback

Die ersten Comeback-Versuche nach dem Krieg fanden 1947 statt. Die österreichische Zeitung »Film« meldete am 14. April 1947:

»Zarah Leander wird in Wien filmen. Sie wird ihren ersten Film nach Kriegsende in Wien drehen und damit die neue Karriere einer anderen, schöneren und noch faszinierenderen Zarah Leander wieder in Wien starten. Regisseur Huebler-Kahla hat mit der Künstlerin einen Vertrag über zwei Filme abgeschlossen, deren erster Mitte August am Rosenhügel ins Atelier gehen wird. Die Vorbereitungen für diesen Film haben begonnen. Beide Filme werden gehaltvolle »Frauenfilme« sein, und einer unserer großen Regisseure wird sie inszenieren.«

Diese und noch andere Filmpläne scheiterten, weil:
»... die österreichische Gesellschaft in Stockholm bei der dortigen österreichischen Gesandtschaft dagegen protestierte, daß die schwedische Filmschauspielerin Zarah Leander in diesem Herbst in Wien filmen soll. In dem Protest wird auf die enge Beziehung Zarah Leanders zu dem einstigen Reichspropagandaministerium hingewiesen.« (»Film«, April 1947)

Die Zeitungen beschäftigten sich in diesen Jahren gerne mit dem »Fall Leander«. Die wildesten Spekulationen wurden verbreitet. So meldete zum Beispiel »Die Welt« am 26. Februar 1947 aus Paris:

»Paris erwartet Zarah Leander. Das Rätsel ihrer Tätigkeit während des Krieges von unserem Auslandskorrespondenten. AM. Paris, 25. Februar (eigener Bericht) – Zarah Leander wird in der nächsten Woche in Paris erwartet. Fast alle Pariser Zeitungen beschäftigen sich eingehend mit ihr und mit ihrer Tochter Vera (Boel), die bereits seit 14 Tagen in Paris weilt (…). Zarah Leander wird als die größte Darstellerin von Spioninnen in Filmen gewürdigt. Einige Zeitungen, darunter »France Dimanche«, behaupteten, daß Zarah Leander zwei Jahre lang bei Hitler zu Gunsten Stalins Spionage betrieben habe. Die französischen Zeitungen gefallen sich darin, die Karriere Zarah Leanders, die auf eine recht originelle Weise begann, zu schildern. Sie gewann in einem Wiener Nachtlokal bei einem Schönheitswettbewerb zur Ermittlung der schönsten Brust den 1. Preis. Damit begann ihre Karriere, die sie schnell zum Film brachte. Als der Krieg ausbrach war Zarah Leander die beliebteste Schauspielerin der Ufa und spielte in fast allen deutschen Propagandafilmen mit. Sie hatte Zutritt bei Goebbels, Göring und Hitler und wurde in den Jahren 1940 bis 1942 bei allen offiziellen Empfängen in Gesellschaft von Goebbels, Göring und Hitler gesehen, ja sie galt zeitweise sogar als die Favoritin Hitlers, der ihr jeden Wunsch erfüllte. Als ein Kriminalbeamter sie mit Argwohn verfolgte, setzte sie es durch, daß der Mann sofort versetzt wurde. Ende 1942 verließ sie plötzlich Deutschland, nachdem ihre Wohnung ausgebombt war,

Zarah erregt Aufsehen in St. Moritz (1947) ▷

Schallplattenaufnahmen in Genf (1947)

und ging nach Schweden, wo sie auf ihrem Besitz in Stockholm oder auf der Jagd ein zurückgezogenes Leben führte. Es wird auch behauptet, daß sie den Engländern Nachrichten über deutsche Truppenbewegungen in Norwegen und Dänemark vermittelt hat. Später suchte sie in Stockholm wieder Anschluß an die Bühne. Und nun, fünf Jahre später, kommt sie wieder nach Deutschland. Sie sang im Oktober 1946 für die sowjetischen Behörden im Berliner Sender und wird jetzt in Paris erwartet, wo man große Empfänge für sie vorbereitet.«

Dieser Artikel ist so aberwitzig komisch, daß er der Nachwelt erhalten werden muß, aber auch fatal, da er nur Unwahrheiten verbreitet. Es wurde und wird bis zum heutigen Tag immer wieder versucht, die Leander in die intimste Nähe der NS-Größen zu plazieren. Würde es aber nur ein einziges Bild von ihr mit dem Führer geben, es würde bei jeder sich bietenden Gelegenheit publiziert werden. Die Leander hat bis zu ihrem Lebensende immer wieder versichert, dem Führer nur zweimal begegnet zu sein. Einmal freiwillig bei einem »Empfang für Künstler«, das zweite Mal unfreiwillig 1939 bei der Premiere für den Film DAS LIED DER WÜSTE, als Hitler mit Gefolgsleuten unerwartet im selben Lokal auftauchte, in dem das Filmteam feierte.

1948:
Erste Nachkriegstournee

1947 stand die Leander zum ersten Mal nach dem Krieg wieder vor Publikum. In Rom pflegte man damals den Brauch, vor dem Hauptfilm im Kino ein Varieté-Programm zu präsentieren. In einigen dieser Vorprogramme war die Leander Stargast. Sie war sich dafür nicht zu schade. Sie wollte endlich einmal wieder vor einem Publikum stehen.
Oft besuchte sie in dieser Zeit auch die Schweiz. Ihr Erscheinen im mondänen Skiort St. Moritz sorgte für besonderes Aufsehen, zumal sie in großer Robe, Sonnenbrille, Zigarettenspitze, jetzt in Begleitung ihrer erwachsenen Kinder, zu sehen war.
In der Schweiz traf sie auch auf den Komponisten Ralf Benatzky, der ihr ein Auftreten beim Genfer Rundfunk vermittelte. Hier entstanden auch ihre ersten Nachkriegsschallplattenaufnahmen. Am 24. Oktober 1947 nahm sie die beiden französischen Lieder TRISTE SÉRÉNADE und VALSE DE SOUVENIRS auf sowie die beiden deutschen Titel FRAG' MICH NICHT, OB ICH DICH LIEBE und LASS MICH GEHN.
Die Nachkriegskarriere begann sich zu entwickeln. Bern, Basel und Zürich waren jetzt die nächsten Stationen für Konzertauftritte nicht nur vor einem begeisterten Publikum, auch die Kritiker hatten nur Lobendes zu berichten:
»*Wenn der große Casino-Saal bis zum letzten Platz ausverkauft ist, dann will das für Bern etwas heißen, aber Zarah Le-*

Starfoto von 1948

ander ist schließlich ein Name, der auch heute noch Zugkraft besitzt. Charmant, einmalig im Timbre ihrer Stimme und eben nicht nur Sängerin, sondern auch eine Schauspielerin von großem Format: wie wir sie vom Film her kennen, so ist sie geblieben. Die Chansons zeichneten sich durch vollendete Dynamik aus und zogen das Publikum in ihren Bann. Mit tosendem Beifall dankten die Zuhörer der Künstlerin nach jedem Vortrag, und als die Ovationen zum Schluß des Konzertes nicht enden wollten, verabschiedete sich Zarah Leander mit einer sehr netten Geste, indem sie als Beigabe das Lied S<small>AG NICHT</small> A<small>DIEU, SAG NUR</small> A<small>UFWIEDERSEHEN</small> *vortrug.«* (Der Bund, 4. März 1948)

1948 traf sie wieder mit dem Komponisten Michael Jary zusammen. Eine große Tournee durch Deutschland wurde vorbereitet.
In einem Interview in Zürich am 1. November 1948 erklärte die Künstlerin:
»Ich freue mich auf Deutschland. Wo sollte ich lieber singen als in dem Land, aus dem meine Lieder kommen, die mich zu dem machten, was ich geworden bin? Leider verzögert sich meine Reise, und meine Ungeduld wächst. Ich lebe in meinen Liedern, sie bedeuten mir alles. Wenn man mir daraus einen politischen Vorwurf machen will, wie das hie und da geschieht, das verstehe ich nicht. Da ich Deutschland liebte, dort filmte und sang, war Deutschland immer für mich eine zweite Heimat.«

Während der Konzerttournee mit Michael Jary (1948)

Ihre erste Nachkriegskonzertreise 1948/49 gestaltete sich zu einem Triumphzug; begleitet wurde sie von Michael Jarys 40 Mann starkem Filmorchester.

»Es ist charmant von ihr, die Deutschen jetzt zu besuchen, wo wir so gar keine Beliebtheit und kein Ansehen genießen, und uns ein paar Lieder vorzusingen, wenn es auch meist sentimentale Lieder sind, die uns erinnern, aber nicht trösten«, bemerkte dazu die Wochenzeitung »Die Zeit« am 17. Februar 1949.

Am 5. August 1949 konnte sie endlich auch in ihrer Heimat Schweden, in Malmö, auftreten.

*»Als der Vorhang auseinanderflatterte warf sie die rote Mähne zurück, ließ das neue Abendkleid im Licht der Scheinwerfer auffunkeln und begann mit Ralf Benatzkys Y*ES S*IR! 1700 Besucher klatschten so begeistert Beifall, daß es lebensgefährlich gewesen wäre, gegen diese Wogen zu schwimmen. Nach 13 Jahren haben wir sie wieder, diese einzigartige Frau mit dieser einzigartigen Stimme. Wir dürfen uns glücklich preisen, daß sie zu uns gehört, obwohl sie hinterher verriet, am liebsten ginge sie wieder nach Deutschland filmen. Mit solchen und ähnlichen Worten feierte die schwedische Presse das Wiederauftreten Zarah Leanders auf den Bühnen ihrer Heimat, genau gesagt im Stadttheater von Malmö. Ihr Erfolg scheint den Bann gebrochen zu haben, in den Schweden seine große Künstlerin getan hatte, als die Mär ausgesprengt wurde, sie sei nicht nur für den deutschen Film, sondern auch für die deutsche Spionage tätig gewesen. Ihr Wunsch, wieder in Deutschland zu fil-*

men, dürfte nicht unerfüllbar sein. Der treue Husar aus dem Norden ist noch immer so zugkräftig wie je, auch wenn sich die Filmehren inzwischen mit Schwiegermutterwürden gepaart haben. In Malmö verabschiedete sich Zarah von den Zuhörern mit Cole Porters Schlagerlied WUNDERBAR. Dieser versteckte Dank soll die Gemüter bis auf die Schuhsohlen aufgerührt haben.« (»Welt«, August 1947) Jetzt war auch der Weg frei für Berlin. Am 14. August 1949 gab sie hier ihre ersten Konzerte. Vom »Volksblatt Berlin« wurde sie gefragt:

»... warum sie nach Berlin gekommen sei. Sie sagte lächelnd: ›Ich liebe mich selbst und wollte mir selbst diese Freude bereiten.‹

Und Michael Jary fügte hinzu, daß Frau Leander Deutschland, das sie berühmt gemacht habe, zu großem Dank verpflichtet sei. Sie liebe Deutschland und wolle deshalb ihren ersten Nachkriegsfilm wieder in Deutschland drehen. Es liegen Angebote aus Hamburg und München vor.«

Das Publikum in der Riesenhalle des Corso-Theaters war am Sonntag genauso von Zarah Leander begeistert wie dasjenige am Abend zuvor in der Filmbühne Wien.

Einer Nachkriegsfilmkarriere stand nun nichts mehr im Wege.

1950:
Zarah filmt wieder

Nach mehr als sieben Jahren stand die Leander ab dem 5. Januar 1950 wieder vor einer Filmkamera. Unter der Regie von Geza von Cziffra spielte sie in dem Film GABRIELA, den die Real-Film, Hamburg, produzierte, eine mondäne Barsängerin mit dunkler Vergangenheit.

Der Produzent Walter Koppel hatte mit seinem Kompagnon Gyula Trebitsch 1947 die »Real-Film« gegründet. Koppel war während des Dritten Reiches als »Linker« inhaftiert worden und hatte die Diktatur im KZ Fuhlsbüttel überlebt. Trebitsch, als Jude von den Nazis verschleppt, erlebte das Kriegsende im KZ Wöbbelin bei Ludwigslust. Ihre leidvollen Erfahrungen mit dem vergangenen Regime waren für sie kein Hinderungsgrund, jetzt den einstigen Ufa-Star unter Vertrag zu nehmen.

Es wurde ein typischer Zarah-Leander-Film, zusammengebaut aus diversen Erfolgsfilmen der Ufa-Zeit: Einige Szenen erinnern an DIE GROSSE LIEBE, andere an LA HABANERA oder an HEIMAT. Nur der Star, die Diva, das Leander-Filmgesicht, hatte etwas von der klassischen Filmschönheit eingebüßt: Es war sieben Jahre älter geworden. Die ganz große Nahaufnahme (neben der Stimme wichtigster Bestandteil und Höhepunkt eines jeden Leander-Films) war nicht mehr möglich.

Trotzdem strömten die Menschen in die Kinos, wurde dieser erste Nachkriegsfilm (was leider oft unterschlagen wird) von den Besucherzahlen her ein Riesenerfolg. »Der Spiegel« berichtete über die Verleihgeschäfte: »›*Die Zarah verkoof ick, doch mit zugebundenen Oogen*‹ *sagte ein Verleihagent im Falle* GABRIELA. *Die sonst vorsichtigen Verleihagenten verlangten für den neuen Zarah-Leander-Film nicht einmal Prospekte. Die westdeutschen Kinobesitzer rissen sich förmlich um* GABRIELA. *Mehrere Male wurde der Film gleich zweimal in einer Stadt verkauft. In sämtlichen 42 bundesdeutschen Großstädten geht* GABRIELA *nach der Voraufführung am 6. April in Zürich und Frankfurt zu Ostern über 50 Leinwände.* In Walter Kop-

Zarah mit Walter Koppel und Gyula Trebitsch, die Gründer der Real-Film (1950)

pels Hamburger Realstudio, in denen dieser teuerste DM-Film von Geza von Cziffra gedreht wurde, ist man mit den GABRIELA-Aussichten zufrieden. Der teuerste, äußere Rahmen um den teuren Star hat sich schon gelohnt. Nach den gelungenen deutschen Verleihgeschäften gibt sich die ausländische Kundschaft die Türklinke in die Hand. Verträge mit 8 europäischen Ländern sind bereits unter Dach gebracht worden. Mit Spanien wird noch verhandelt, und Südamerika zeigt sich hochinteressiert. Man rechnet mit dem notorischen Erfolg einer Zarah-Leander-Geschichte mit obligater Zarah Leander-Stimme. Beides steht im Drehbuch. Gehobene Gesellschaftskreise und Varieté-Garderobe, großes Orchester und Jazzkapelle, Chanson und Wiegenlied. ES GIBT KEINE FRAU, DIE NICHT LÜGT und WENN DER HERRGOTT WILL. Alte Leander-Traditionen.«

In den ersten drei Wochen hatten bereits 1 203 694 Kinobesucher den Film gesehen. In der Jahresbilanz stand er nach SCHWARZWALDMÄDEL und DER DRITTE MANN an dritter Stelle. (Welche deutschen Filme können heute diese Einspielergebnisse vorweisen?) Die Kritiker allerdings waren weniger begeistert. Besonders Zarahs Kostümierung wurde als ungünstig empfunden – die Leander mußte manche Häme einstecken. Mit der immer noch faszinierenden, wenn auch inzwischen noch tieferen Stimme befaßte sich kaum ein Rezensent. Vielleicht ahnte damals niemand, daß diese Stimme auch noch dieses Jahrhundert überleben würde.

Seite 98/99: Zarah in der Maske mit Willy Birgel (1940)

1951:
Die »kleine Welttournee«

Die Leander hatte jetzt erst mal vom Filmen die Nase voll. Da sie sich vor Angeboten für Konzertauftritte aus aller Welt nicht retten konnte, begab sie sich 1951 erstmals auf eine »kleine Welttournee«.

Zarah Leander: »Ja, ich fuhr Anfang Januar nach Athen, um da drei Konzerte zu machen. Und aus den drei Konzerten sind aber 62 geworden. Und nachher bin ich in die Türkei gefahren, habe da Konzerte gemacht und Kairo und Alexandria, und dann über die Schweiz nach Wien.«

Reporter: »*Und haben Sie in allen Städten in deutscher Sprache gesungen?*«

Zarah Leander: »Ja, ich habe überall auf deutsch gesungen und französisch, englisch und schwedisch.«

Reporter: »*Gnädige Frau, Wien ist ja, soviel ich weiß, nur eine Zwischenstation, denn Sie haben ja die Absicht, ich möchte sagen, die fast weltumspannende Tournee fortzusetzen und von Wien aus dann gleich nach Südamerika weiterzufahren. Was haben Sie alles in Südamerika vor?*«

Zarah Leander: »Ja, ich will da nur singen.«

Reporter: »*Ja, aber in welchen Städten werden Sie singen?*«

Zarah Leander: »Ich fange in Buenos Aires an, das ist eigentlich alles, was ich weiß. Und ich bleibe ein halbes Jahr weg, ungefähr.«

Reporter: *Gnädige Frau, wir haben Sie aber in Österreich meistens nur von der Leinwand aus bewundert, und in diesem Zusammenhang möchte ich Sie fragen, ob Sie Ihre Filmarbeit ganz vergessen haben, denn Ihr letzter Film* GABRIELA *hat in Wien wirklich gut eingeschlagen, und die Wiener haben Sie mit Freuden wieder auf der Leinwand begrüßt. Werden Sie dann weiterfilmen?*

Zarah Leander: »Ja klar, ich werde weiterfilmen. Aber ich weiß noch nicht, wann, weil ich, wie gesagt, jetzt die Konzertreise vorhabe, nicht wahr? Aber ich werde wieder filmen.«

Reporter: »*Gnädige Frau, Ihre Heimat ist Schweden. Ich nehme an, daß Ihre Heimat etwas zu kurz kommt, denn wann sind Sie überhaupt zu Hause?*«

Zarah Leander: »Oh, ich war – im vorigen Jahr habe ich eine Tournee durch ganz Schweden gemacht, auch das erste Mal seit 13 Jahren.«

Reporter: »*Und diese Tournee hat so ein starkes Echo ausgelöst, das sogar bis nach Österreich gedrungen ist. Gnädige Frau, haben Sie auch vielleicht einmal die Absicht, wieder auf einer Bühne zu stehen, denn in Wien haben Sie ja mit* AXEL AN DER HIMMELSTÜR *Ihr Debüt gemacht.*«

Zarah Leander: »Das war schön, für mich wenigstens, nicht wahr, die Premiere werde ich nie vergessen von AXEL AN DER HIMMELSTÜR. Ja freilich, ich möchte gerne wieder Theater spielen, aber, wie gesagt, jetzt habe ich nur die Konzerttournee vor.«

Reporter: »*Gnädige Frau, noch zum Schluß, sagen Sie uns in*

◁ Auftritt in Athen (1951)

einem kurzen Satz, welchen Gesamteindruck haben Sie hier gewonnen?«
Zarah Leander: »Daß Wien Wien ist.«
Reporter: »*Wir danken Ihnen vielmals, gnädige Frau, und wünschen Ihnen auch weiterhin für Ihre Tournee viel Erfolg und hoffen, daß Sie wieder bald, bald nach Wien kommen.*«

1952: In München Geiselgasteig begannen im September die Dreharbeiten für den zweiten Nachkriegsfilm: CUBA CABANA.

△ Zarah Leander 1951 mit Daniel Gélin (französischer Filmschauspieler)

Auf dem Düsseldorfer Filmball 1952 mit Harry Heidemann, ihrem Manager und Begleiter

Diesmal sollte alles anders werden, kein Mutter-Tochter-Drama. Dafür bekam die Leander als »jungen« Liebhaber O. W. Fischer (Jahrgang 1915), zur Seite gestellt, dessen Karriere sich in dieser Zeit rasant entwickelte.
Die Außenaufnahmen fanden in Madrid statt, Die spanische Presse feierte den Star, es gab sogar einen Empfang beim Oberbürgermeister. Da Rolf Hansen, Zarah Leanders bewährter Spielleiter aus großer Ufa-Zeit, nicht überzeugt werden konnte, Regie zu führen, übernahm dies Fritz Peter Buch. Zarah war immer nur so gut, wie das Team, das sie begleitete, dieser Satz fällt mir dazu ein. Aber es sind die fünf Lieder, getextet von Bruno Balz, die die Leander zwischen Resignation, Leidenschaft und Sehnsucht vortrug, die diesen Film heute noch sehenswert machen.

Im »Filmecho« vom 24. Januar 1953 hieß es dazu:
»Der Film, der weder im Thema noch in der Durchführung ganz an die früheren großen Leander-Filme heranreicht, gewinnt allerdings durch Darsteller wie Paul Hartmann und O. W. Fischer eine gewisse Kontur. Um seinen geschäftlichen Erfolg aber braucht kein Theaterbesitzer bange zu sein. Die bisherigen Aufführungen bewiesen, wie sehr der Name der Künstlerin das Publikum in seinen Bann schlägt.«

Aus meiner Sicht endet die Filmkarriere der Leander 1953. Ave Maria ist diesmal wieder ein typisches Leander-Melodram, die Stimme kann sie in zwei gelungenen verruchten Chansons

Letzte Konzerttournee mit Michael Jary (1954)

(Text: Bruno Balz) und einem zarten Liebeslied voll zur Geltung bringen, dazu zweimal das AVE MARIA von Bach/Gounod mit Inbrunst vortragen.
Die »Filmwoche« vom 26.9.1953 bemerkte dazu:
»*Zarah Leander, von Flitter umblitzt, verhangenen Blickes, spielt ihre Rolle zwischen bangendem Mutterherzen, zerbrochener Vergangenheit und unverlegener Animiermamsell mit tränenreicher, bisweilen gerüttelter dramatischer Glut.*«
Fürwahr, dieser Film bringt in einigen Szenen die dramatische Intensität der Leander voll zur Geltung, zum Beispiel, wenn sie vor einem Gesangsauftritt mit der Zigarettenverkäuferin in einen Disput gerät. Einem Regisseur von Welt wäre es sicher gelungen, hier anzusetzen und den Vulkan Leander, die mich in dieser Szene an die wunderbare italienische Schauspielerin Anna Magnani erinnert (auch die Leander bewunderte sie sehr), zu neuen Ufern zu führen.

1954: In einem Gedenk- und Erinnerungsfilm an den Komponisten Theo Mackeben, der ein Jahr vorher verstorben war, übernahm die Leander eine Episodenrolle und sang zwei Lieder, die dieser für sie komponiert hatte: EINE FRAU WIRD ERST SCHÖN DURCH DIE LIEBE und NUR NICHT AUS LIEBE WEINEN. In dieser kurzen Szene war sie gelöst und humorvoll wie selten. Was danach kam (1959 DER BLAUE NACHTFALTER und 1966 wieder eine Episodenrolle in der deutsch-französisch-spanischen Produktion DAS GEWISSE ETWAS DER FRAUEN) hatte mit der eigentlichen Filmkarriere der Leander nichts mehr zu tun. Das Film-

gesicht, das von dem Kameramann Franz Weihmeyer (1903 bis 1969) in ihrer Glanzzeit jeweils so wunderbar porträtiert werden konnte, war nicht mehr vorhanden, die Stimme wurde zum Teil zu brachial eingesetzt.
Trotzdem: Kein Film ihrer Nachkriegsjahre wurde von den Einspielergebnissen her ein Mißerfolg, obwohl dies fälschlicherweise oft so dargestellt wird (Quelle: Jahresbilanz »Film-Echo«).

Zarah Leanders Filmkarriere war zu Ende. Was früher einem Sakrileg gleichgekommen wäre, war jetzt Fakt: Der Filmstar Leander flimmerte ab 1960 vermehrt über den damals noch kleinen Bildschirm, sprich: das Fernsehen. In Schweden hieß eine Show MADAME (1960), in der Bundesrepublik sah man sie 1962 in ZARAH DIVA (ARD) ihre Lieder vortragen. 1964 spielte und sang sie in dem Musical DAS BLAUE VOM HIMMEL (ZDF), das der aus der Emigration zurückgekehrte *Friedrich Hollaender* (DER BLAUE ENGEL) komponierte. Für die Leander schuf er zwei wunderbare Chansons: MIR WAR DIE LIEBE IMMER SO SYMPATHISCH und DAS ELEKTRISCHE KLAVIER. Erst 1978 war ihr letzter Fernsehauftritt.
Das Glück der Leander – sie war im Gegensatz zur Garbo nicht *nur* eine Filmschauspielerin, sie kam von der Bühne und kehrte nun wieder dahin zurück.
Sie besaß eine ungeheure Ausstrahlung, eine Bühnenpräsenz, die die Zuschauer schon gefangennahm, *bevor* die Stimme erklang.

Seite 110/111: Zarah mit ihrem Regisseur Alfred Braun und ihrem Publikum (1953)

1956:
Zarah und die Männer

Ihr ständiger Begleiter als Dirigent und am Flügel war ab 1956 der Kapellmeister Arne Hülphers, der über viele Jahre auch ein eigenes Orchester hatte. Die beiden hatten auf Zarahs Initiative im Januar 1956 geheiratet. Es war keine Liebes-, sondern eine Vernunftehe. Die Leander, die seit 1946 von ihrem zweiten Ehemann Vidar Forsell (1904–1971) geschieden war, mußte es sehr getroffen haben, daß sich zwei Männer, zu denen sie sich hingezogen fühlte, jüngeren Frauen zuwandten. Der Komponist Michael Jary (1906–1988), mit dem sie 1954 die letzte erfolgreiche Tournee unternahm, verliebte sich 1953 in die junge, schlanke, elegante Christina Michaelis, die er später auch heiratete. Der zweite Mann, den sie Arne Hülphers vorgezogen hätte, der junge Harry Heidemann (1926–1965), war ihr Manager, der früher für Jary arbeitete und von demselben 1951 an die Leander vermittelt wurde. Seit diesem Tag wich er nicht mehr von ihrer Seite, begleitete sie um die halbe Welt, verbrachte auch schöne Zeiten auf Lönö und »unterstützte« sie sicher nicht nur beruflich. 1955 wechselte Heidemann als Manager, danach auch als Lebensgefährte zur jungen, erfolgreichen Sonja Ziemann. Daher war Arne Hülphers (1903–1978) dritte Wahl. Der zweifelsohne vorzügliche Pianist hoffte aber, daß sich die Leander nach ihrem 50. Geburtstag zurückziehen würde. Seinen Lebensabend stellte er sich

Zarah und ihr Ehemann Vidar Forsell (1933) ▷

Zarah und Arne Hülphers (1959)

auf dem herrlichen Gut Lönö an der schwedischen Ostseeküste vor, dort wollte er zusammen mit seinem Bruder seinem Hobby frönen: dem Angeln. Dazu ist er kaum gekommen. Die Leander schleppte ihn von Konzert zu Konzert. Auch die Musicals mußte er dirigieren, ist aber dabei – wie Kritiker bemerkten – öfters auch eingeschlafen. Fazit: Die Alterskarriere der Leander hat er leider *nicht* positiv beeinflußt. In einem Interview für das ZDF-»Sonntagskonzert« im März 1978 berichtete er außerdem:
»*Wir sind 25 Jahre verheiratet* (22 Jahre), *aber die große Liebe kam erst 15 Jahre später*«,
worauf die Leander etwas irritiert meinte:
»Das wußte ich nicht.«

1957:
Der 50. Geburtstag

Am 15. März 1957 gastierte die Leander aus Anlaß ihres 50. Geburtstags in dem berühmten Stockholmer Varieté *Berns,* in dem auch die Dietrich aufgetreten war. Für diesen Auftritt wurde ihr extra ein Chanson auf den Leib geschrieben: JÄG HAR BLIVIT MYCKET BÄTTRE, zu deutsch: ICH BIN VIEL BESSER JETZT IN MEINEN ALTEN TAGEN, in dem sie ihre Karriere beschreibt, besingt, belächelt. Zarah Leander machte sich zur Feier des Tages über ihre Lorbeeren von gestern lustig. Diverse Male mußte sie den Refrain wiederholen, so begeistert applaudierte das vornehme Stockholmer Publikum. Sie trug ein brillantenbesetztes Spitzenkleid, dazu eine aus Weißfüchsen gearbeitete bodenlange Stola und ein Diamantendiadem als Krone auf dem tizianroten Haupt.

Auch in der Bundesrepublik, wo sie bisher meistens als Stargast mit *Schlagerparaden* auf Tourneen war (u. a. mit Ivan Rebroff, René Kollo, Roberto Blanco und Rudi Carell), wurde sie jetzt von den wenigen Spitzenvarietés, die es noch gab, für eine hohe Gage engagiert. Sechzigmal stand sie jeweils pro Monat auf den Brettern, die ihr die Welt bedeuteten. Die Schlagzeilen zu diesen Auftritten lauteten:

»Zarah Leander eroberte Hannover im Sturm. Georg-Palast täglich ausverkauft.« »Ovationen im Haus Vaterland« (Hamburg), »Zarah Leander stürmisch gefeiert.«; »Rosen und Tränen um

Vor einem Konzertauftritt (1957) ▷

Zarah, immer noch ein großer Star. Zarah Leander gastiert in Aachen.« »Varieté Kaiserhof Köln: Jubel um Zarah Leander. Das Wunder Zarah Leander.«
Die Gastspiele mußten immer wieder verlängert werden und selbst die abgedankte Kaiserin Soraya, die in Köln weilte, ließ es sich nicht nehmen, der Leander zuzujubeln.

Zarah bestellt Sommerkleider (1957)

Aber auch im Stockholmer Varieté *Berns* war sie nun Jahr für Jahr Stargast. Dazu kamen im Sommer in Schweden Gastspiele in den Volksparks, das heißt den Freilichtbühnen, die in Skandinavien Tradition haben. Von 1958 bis 1978 präsentierte sie sich außerdem in Musicals oder Operetten, die teilweise sogar für sie geschrieben und komponiert worden sind, in Wien, München, Hamburg, Berlin, Göteborg und Stockholm einem begeisterten Publikum. Peter Kreuder entwarf die Musik für MADAME SCANDALEUSE (1958) und LADY AUS PARIS (1964), die Texte sind von Ernst Nebhut und Karl Farkas, die Lieder, an die man sich erinnert: FRAUEN SIND SCHWER ZU DURCHSCHAUEN, ICH BIN EINE FRAU MIT VERGANGENHEIT und MICH HAT DIE WELT KALTGESTELLT. Ohne die Leander wären diese Stücke nie auf eine Bühne gekommen. Dies gilt auch für das Musical WODKA FÜR DIE KÖNIGIN (1968) von Peter Thomas, Ika Schafheitlin und Helmut Gaur, das der Leander so sehr auf den Leib geschrieben wurde, daß es ohne sie nicht vorstellbar ist. Überlebt hat, da es sich um ein typisches Leander-Lied handelt, nur der Song DAS IST DIE GROSSE ZEIT, in dem Leander ihr ganzes Leidenspathos entfalten konnte.

Ein Glücksfall war außerdem ihr Auftritt als Manon Falconetti in EINE FRAU, DIE WEISS WAS SIE WILL (1960 und 1961) von Oscar Straus mit dem Chanson WARUM SOLL EINE FRAU KEIN VERHÄLTNIS HABEN. In dieser Rolle stand sie schon 1933 in Schweden auf der Bühne.

Ihre allerletzte Rolle spielte sie 1975 und 1978 in dem Musical DAS LÄCHELN EINER SOMMERNACHT von Stephan Sondhein und Hugh Wheeler. Als eine verflossene Mätresse von Königen hatte sie zu sagen »*Skål auf das Leben und die einzige andere Realität auf den Tod!*« Soweit war es aber noch nicht, obwohl die Altersgebrechen ihres Körpers auf der Bühne nicht mehr zu übersehen waren und in einem krassen Gegensatz zu der immer noch mächtigen Stimme standen. Die Wiener Kritikerin Hilde Spiel registrierte dennoch:

»*Da ist, hinter einem einigermaßen zerrütteten, nachgerade menschenfresserischen Charme jedenfalls Kompetenz und Präsenz zu spüren.*«

Vor dieser letzten Bühnenrolle hatte sie sich schon 1973/74 mit einer großen Tournee von ihrem Publikum verabschiedet.

Reporter: »*Nun, Sie sind seit nahezu 50 Jahren im Showgeschäft tätig, gnädige Frau, und Ihre Anhänger sind nicht nur ältere Menschen, sondern auch neuerdings sehr viele junge Leute, die zum Teil Ihre Filme gar nicht gesehen haben. Wie erklären Sie sich dieses Phänomen?*«

Zarah Leander: Weil mein Leben nicht nur aus Filmen besteht. Das tut es absolut nicht. Ich habe ja unerhört viele Konzerttourneen gemacht und das Glück, daß so viele junge Menschen in meine Vorstellungen kommen. Das schätze ich nicht nur, sondern ich liebe es.

Reporter: »*Nun, Ihre letzte Tournee war ja vor noch gar nicht so langer Zeit vor ein paar Monaten, und Sie haben diese Tournee als Ihre Abschiedstournee bezeichnet.*«

Zarah Leander: Ooooooooooooooooooh, jetzt muß ich wieder was sagen. Ich sage es auf der ganzen Welt. 176mal bin ich

Zarah und ihre Enkel Lena und Niklas (1954)

Max Schmeling, Anni Ondra und Zarah auf dem Berliner Presseball im »Hilton« (1959)

auf der Abschiedstournee aufgetreten, und ich habe jeden Abend gesagt, ich gehe nicht weg von der Bühne. Das tue ich nicht, aber ich mache keine Tourneen mehr, weil es ganz einfach, junger Mann, zu anstrengend ist. Ich kann es nicht mehr. Einen Tag in Hamburg, den anderen Tag in Amsterdam, den dritten Tag in Zürich. Aber Gastspiele oder, wie es heißt, Galas oder Punktvorstellungen werde ich machen. Lügen tue ich nicht, weil Lügen kurze Beine haben.

Ich wäre Wäscherin oder Köchin geworden oder irgend etwas. Mit der Urkraft, die wir haben, wir da oben in Skandinavien. Ich habe alles gekriegt, was ich mir im Leben wünschte. Es gibt Sachen, von denen möchte ich nicht reden – familiäre Dinge. Aber ein Künstler, oder wie in meinem Fall eine Künstlerin, die anfängt zu denken, ich werde, ich will, ich soll, ich werde zeigen dies und das und jenes, das habe ich alles erreicht. Und ich beklage mich über nichts. Daß ich ein bißchen kurzsichtig bin und so kleine Sachen, das ist nichts.

Ich glaube, ich würde eingehen, wenn ich in meinem sehr geliebten Vaterland auf einem Schloß in Schweden sitzen würde mit schönen Sachen um mich herum und mit der Familie. Ich bin ein Zirkuspferd, das sind wir fast alle in der Branche. Ich möchte auf der Bühne oder vor der Kamera oder vor dem Publikum bis zum letzten Atemzug stehen.

Dieser Wunsch ging leider nicht in Erfüllung.

1978:
Die letzte Bühnenrolle

Im Sommer 1978 gastierte sie wieder einmal im Stockholmer Vergnügungspark *Gröna Lund*, wie immer von ihrem Gatten Arne Hülphers am Klavier begleitet. Nach einem Konzert in der Nacht zum 24. Juli starb er an Herzversagen. Erst wollte die Leander nie mehr auftreten, ließ sich aber überreden, in der schwedischen Inszenierung von DAS LÄCHELN EINER SOMMERNACHT nochmals die Rolle der Madame Arnfeldt im Stockholmer *Folkan-Theater* zu übernehmen, mit der sie 1975 in Wien brillierte. Die Premiere fand am 14. September statt, die Leander wurde gefeiert. Am 10. Oktober, vor einer Vorstellung, erlitt sie ihre erste Gehirnblutung. *Eine große Karriere fand ihr Ende.* Am 16. Juni 1979 gab Zarah ihre letzte Pressekonferenz. Dort erklärte sie ihren endgültigen Abtritt von der Bühne:

»Ihr werdet mich nie mehr in einer Theaterrolle oder mit einem Mikrofon sehen.«

Sie verabschiedete sich mit den Worten aus DAS LÄCHELN EINER SOMMERNACHT, ihrer letzten Theaterrolle, die sie wegen ihrer Krankheit aufgeben mußte:

»Die Sommernacht hat nur noch ein Lächeln übrig, ein Lächeln für die Alten, Schwermütigen und Einsamen.«

Von diesem Lächeln zehrte Zarah Leander in ihren letzten beiden Jahren. Sie zog sich auf ihr Gut Lönö an der südschwedischen Ostküste zurück und wollte nur noch Besuch von ihrer Familie und ihren allerengsten Freunden. Hin und wieder begab sie sich in ihre Stockholmer Wohnung. Sie war an den Rollstuhl gebunden, hatte Sprachschwierigkeiten und mußte immer wieder ins Krankenhaus zurückkehren.

Am 23. Juni 1981 – kurz vor vier Uhr früh – hörte ihr Herz auf zu schlagen. Die Presseagenturen meldeten:

»Die schwedische Filmschauspielerin und Sängerin Zarah Leander ist am Dienstagmorgen in einem Krankenhaus bei Stockholm im Alter von 74 Jahren gestorben. Als Ursache für den Tod der Künstlerin, die Anfang Mai in das Krankenhaus eingeliefert worden war, gaben die Ärzte die Folgen einer Gehirnblutung an.«

Noch einmal rauschte es gewaltig im Blätterwald. Alle Publikationen berichteten an herausragender Stelle über ihr Leben und ihre Karriere. Schwedische Zeitungen druckten Extrablätter. Alle waren sich einig: *»Mit ihr starb eine der letzten Diven unserer Zeit.«*

Am 9. Juli nahm Schweden Abschied von Zarah Leander. Ihrem letzten Wunsch zufolge, sang ihre Freundin Birgit Nilsson Beethovens DIE HIMMEL RÜHMEN DES EWIGEN EHRE und AN DIE MUSIK von Franz Schubert.

Ein wolkenloser Sommerhimmel wölbte sich über der Stockholmer Oscars-Kirche, in der Freunde und Besucher Abschied von Zarah Leander nahmen. Weiße Rosen deckten ihren weißen Sarg.

Das Gotteshaus war überfüllt. Normalerweise faßt es 1200

Zarah nimmt ihren Applaus im »Kaiserhof« entgegen (1959) △
◁ Annonce für ihren Auftritt im »Kaiserhof« (1959)

Personen, doch viel mehr Menschen wollten dem großen Star eine letzte Ehrung erweisen. Schon tags zuvor stapelten sich Kränze und Buketts in der Kirche, bereits eine Stunde vor dem Trauergottesdienst waren die Bänke in der kühlen Kirche eng besetzt.
Hunderte aber blieben draußen in der stechenden Sonne stehen und verfolgten die An- und Abfahrt der Freunde aus dem Film- und Showbusineß, dem Zarah Leander bis zur äußersten

Auf Tournee mit Rudi Carrell (1970)

Zarah auf der Glienicker Brücke in Berlin (1959)

Belastungsgrenze ihres zuletzt so zerbrechlichen Körpers angehört hatte.

Zarahs Mythos lebt heute noch. Auch ihre Filme sind unvergessen und erreichen im Fernsehen nach wie vor hohe Einschaltquoten. Seit 1945 haben mehr Menschen ihre Filme gesehen als in der Zeit, in der sie entstanden sind. Auf mehr als 20 CDs ist inzwischen ihr gesungenes Credo, sind ihre Lieder der Leidenschaft und Sehnsucht zu hören, die sie leise, zärtlich und geheimnisvoll, aber auch mit ihrer mächtigen androgynen Stimme vortrug. Sie war und ist nicht zu ersetzen, ob-

Empfang bei Willi Brandt (1972)

wohl es zum festen Ritual der Travestiebühnen auch heute noch gehört, eine Leander-Kopie auftreten zu lassen, obwohl es seit Ende der achtziger Jahre diverse Theaterstücke und Musicals gibt, die sich mit der sagenhaften Karriere der Leander auseinandersetzen. So kann man davon ausgehen, daß seit dem letzten Originalauftritt der Leander im Stockholmer *Folkan-Theater* im Oktober 1978 kaum ein Abend vergangen sein mag, auf dem nicht auf irgendeiner Bühne, ob in Stockholm, Wien, Berlin, Hamburg oder anderswo, an die Diva erinnert wurde. Dankbar registriert dies nicht nur die immer noch große Zarah-Fangemeinde. Ein Dankeschön geht auch an die diversen Interpreten, ob sie nun Nina Hagen, Romy Haag, Milva, Udo Lindenberg, Erika Pluhar, André Heller, Georg Danzer, Dunja Raijter, Christina, Armand, Curt Delander, Angelika Milster, Katja Nottke oder Tim Fischer heißen, um nur einige Namen zu nennen. Über deren Auftritte hätte sich auch die Leander amüsiert und tut es vielleicht auch, auf einer rosa Wolke sitzend. Niveau hatten meistens auch die Theaterstücke und Musicals, die eine Leander auftreten ließen. Stellvertretend sei hier nur an NACH MIR IST MAN SÜCHTIG von Peter Lund erinnert.

Ganz gleich, wie gekonnt diese und jene Leander-Imitation oder Interpretation auch ausfällt, sie macht das Publikum eher neugierig, das Original kennenzulernen. Daß dies heute problemlos möglich ist, verdanken wir den Aufnahmetechniken von Bild und Ton, die uns das ausgehende 20. Jahrhundert beschert hat.

Ich bin eine Stimme

*Ich bin eine Stimme, die leise erklingt
und Glück in das Herz eines Einsamen bringt
durch den Äther, durch die Welt
die von Sonnenglanz erhellt
klingt meine Stimme
durch der Städte bunte Pracht
durch die sternenklare Nacht
klingt meine Stimme
und kommt sie in ein stilles Haus
dann ruht sie gern ein wenig aus.*

*Ich bin eine Stimme, die leise erklingt
und Glück in das Herz eines Einsamen bringt.
Ich bin eine Stimme so tief und so rein
und singe von Liebe, von Sehnsucht und wein'.
Man sehnt sich so oft, daß ein Wunder geschieht,
doch die Sehnsucht wird müd'
so müd' wie mein Lied.*

*Ich bin eine Stimme, nur Stimme, die singt,
und Liebe verkündet und leise verklingt.*

◁ Starfoto von 1941

Dieses Chanson aus dem Jahre 1938 (Musik: Peter Igelhoff, Text: Günther Schwenn) wurde der Leander so sehr auf den Leib bzw. auf die *Stimme** geschrieben, daß es absolut als ihr *Credo* gelten kann. Sie wurde und wird immer zuerst als Stimme wahrgenommen, selbst ihre Sprechstimme fasziniert. (Man stelle sich mal einen synchronisierten Leander-Film vor.) Ihr schönes Filmgesicht, porträtiert in den Ufa-Filmen von dem Kameramann Franz Weihmayer »... *das sich dramatisch verdüstern, sinnlich verschleiern, tränenreich glänzen und auch die Heiterkeit einer überlegenen Frau gewinnen konnte*« (Günther Rühle), hat sicher zu ihrem Erfolg beigetragen, aber nur in Kombination mit der Stimme wurde der *Mythos Leander* geschaffen. Die Leander selber hat sich auch so eingeschätzt: »Es ist mir völlig schnuppe, ob man mich in der Filmliteratur erwähnt oder nicht. Sollte man mich aber vergessen oder verschweigen, wenn man die Geschichte der Schallplatte schreibt – dann wäre ich aufrichtig betrübt.«
Aber diese Stimme hat auch Irritationen hervorgerufen mit einer erotischen Wirkung, die nicht nur in eine Richtung ausstrahlte, und setzte dabei unbewußt auch Aggressionen frei. Eine Schlagzeile über einer Rezension aus dem Jahre 1948, als die Leander in der Bundesrepublik ihre ersten Nachkriegskonzerte gab, konnte daher auch nicht anders lauten als »*Der Frauenbaß zieht nicht mehr*« und mag aus einer Situation entstanden sein, die eigene »Normalität« zu betonen, und sagt weniger über

---

* »Baß! Nicht Baß, Kontraalt, wenn ich bitten darf – sonst werde ich böse.« (Zarah Leander im September 1977)

Zarah als Darstellerin in einem Fotoroman (1932) ▷

Passion

En **ROMAN** *om*
teater *och* **kärlek**
av **VICKI BAUM**

TJUGOTREDJE ÅRGÅNGEN.

Medverkande på fotografierna i detta nr:
Dima .... *Zarah Leander.*
Rassiem .... *Gösta Ekman.*
Ehs .... *Anna Lindahl.*

V.-J. foto. f. Melander och Th. Erikson.

SÖNDAGEN DEN 13 MARS 1932.

VECKOJOURNALEN

Zarah Leanders Ausstrahlung aus als über die Zeit, in der sie geschrieben wurde. Die sexuellen Tabus bestanden in jenen prüden Jahren in dem totalen Verdrängen der eigenen Zweigeschlechtlichkeit: »*... die einen hinreißt an die Abgründe der eigenen Doppelheit, in jedem Mann ein Stück Frau, in jeder Frau ein Stück Mann ...*« (Helma Sanders-Brahms).

Zarah Leander hat während ihrer langen Karriere, ohne sich dessen bewußt zu sein, Provokationen entfacht und ihre Zuschauer in zwei Lager gespalten: Jene, die sie ablehnten, waren vielleicht durch den »Damenbaß« verunsichert und versuchten, die Leander der Lächerlichkeit preiszugeben. So brauchten sie sich mit dem »Phänomen Zarah« und dessen Wirkung auf das Publikum nicht länger auseinanderzusetzen. Wie ambivalent das Verhältnis von Zarah und ihren Zuschauern schon zu Beginn ihrer Karriere war, geht aus einem Bericht der Wochenzeitschrift »Der Stern« aus dem Jahre 1938 hervor: »*... die Leander in Wien. Leicht und liebenswürdig ist die Musik, vergnügt und leicht beschwingt ist das Wiener Operettenpublikum, das sich ›Axel an der Himmelstür‹ ansieht. Und da steht plötzlich auf der Bühne eine wunderbare schöne, rothaarige Frau und singt mit tiefer, schwerer Stimme: ›Eine Frau von heut ...‹.*«

Das kam den Wienern etwas überraschend, sie waren zuerst entsetzt. Sie waren erschrocken und fasziniert zugleich, sie wußten nicht, ob sie lachen oder weinen, ob sie applaudieren oder zischen sollten. Und es gehörte der Mut und die Persönlichkeit einer großen Künstlerin dazu, die ersten schwierigen

Starfoto von 1938

Minuten entschlossen durchzustehen. Zarah schaffte das, und sie errang einen strahlenden Sieg. Die Wiener feierten sie, wie nie zuvor einen ausländischen Operettenstern. ›Die Zarah‹ war das große Ereignis der Saison.«

Derselbe Bericht geht auch auf ihre Stimme ein. »*Sehr verehrter Herr Leander, ich habe alle Ihre wunderschönen Grammophonaufnahmen, bitte schicken Sie mir doch Ihr Autogramm. Rückporto ist beigelegt.‹ Ein solcher Brief eines Musik-Enthusiasten, an Zarah Leander gerichtet, zeigt, daß die Kunst ihre Jünger und Anbeter oft blind machte, denn sonst hätte der Absender doch – wenn nicht hören – so lesen müssen, daß Zarah Leander schließlich eine Frau ist.*

Zarahs Stimme ist ein Kapitel für sich, sie pflegt, zwei Wirkungen hervorzurufen: Erstaunen und Bewunderung, daß eine äußerlich so ›unweibliche‹ Stimme solchen Wohlklang, so feine Nuancierungen und so bezaubernden weiblichen Charme enthalten kann. Die Schwedin hat selbst einmal eine klare Antwort auf die oft gestellte Frage: ›Warum singen Sie eigentlich so tief?‹ gegeben. Sie sagte nämlich: ›Weil ich nicht höher singen kann‹.«

Zu Zarah Leanders Tod schrieb Günther Rühle am 23. Juni 1981 in der FAZ zu deren Stimmlage: »*In bestimmten Momenten, wenn die tiefe losbrechende Stimme alle Erwartungen an weiblichen Ausdruck von ihr wegreißt, steht sie auf der Bühne wie das Monument eines Hermaphroditen. Ihre Tonstürze sind wie Axthiebe, mit denen ein Mann aus der Frau sich heraustrennt; erst eine lyrische Passage führt beides wieder zusam-*

men. Man trifft hier das seltsamste erotische Phönomen: große Geliebte, Mannweib und Übermutter.«

Interessant ist es daher, zu zitieren, wie diese Stimme und nur die *Stimme* in den Rezensionen einer immerhin 51 Jahre dauernden Karriere beschrieben wurde:

Von dieser Stimme ging auch immer eine Irritation aus, »… halb Mann, halb Frau, auch der Teufel war ja Schlange am Baum der Erkenntnis, also weiblich, oder war er doch männlich wie der stürzende Luzifer?« (Helma Sanders-Brahms)

»Ihre eigenartige, gleichzeitig dunkle und ein wenig schrille Stimme ist so sinnlich und von so warmem Timbre, wie man es sich nur wünschen kann.« (1931 über Die lustige Witwe von Catherine, entnommen Zarah-Leander Biographie)

»Ihre Stimme ist ein Kontraalt von metallischer Tiefe, der aber der feinsten Nuancen fähig ist.« (1936 über Axel an der Himmelstür, in *Theater und Kunst*, 2. September 1936)

»… singt mit einer Stimme von fast männlicher Färbung (…) wird (…) für Augenblicke an Marlene Dietrich erinnert, aber singt ohne den leichten Stich ins Vamphafte.« (1937 über Premiere, in: »Deutsche Allgemeine Zeitung«, Werner Siedler, 27.2.1937)

»*Die Stimme ist übernatürlich dunkel, in der Lage fast ein Bariton, aber sie schwingt und klingt so wundervoll, daß Vergleiche (rein tonliche Vergleiche) mit der Dietrich oder der Garbo nicht in Frage kommen.*« (1937 über Zu neuen Ufern, »Berliner Tageblatt«, 2.9.1937)

»*Ihre tiefe, weiche Stimme nimmt dem Text jede Schärfe, und bei den hellen, leichten Passagen muß man an das Spiel heiteren Sonnenlichts über einem dunklen Wasser denken.*« (1937 Zu neuen Ufern, »Deutsche Allgemeine Zeitung«, Werner Fiedler, 2.9.1937))

»*Sie ist so berauschend wie schwerer dunkler Wein. Sie kann so wuchtig klingen wie der Ton einer Orgel. So durchsichtig scheinen wie Glas, so tief wie Metall. In dieser Stimme ist alles: der Jubel, das Glück, des Lebens trunkene Melodie und sein wilder Schmerz.*« (1937 über Zu neuen Ufern, »Berliner Lokalanzeiger«, 2.9.1937)

»*… singt sie wieder mit ihrer unsagbar weichen Stimme, die wie ein tiefer, warmer Strom die Hörer umfließt und einhüllt.*« (1937 über La Habanera, »BZ am Mittag«, 21.12.1937)

»*… bezauberte restlos mit ihrer hinreißenden, schnippischen Kälte, hinter der das Feuer der Leidenschaft nur um so heißer lodert.*« (1939 über den Berliner Presseball, in: »Die Unterhaltungsmusik«, 9.2.1939)

Starfoto von 1941

»Sie singt (...) zum ersten Mal übrigens mit reiner unmanierierter Stimme, mit zitternder dunkler Stimme schmilzt sie in einer italienischen Romanze dahin, aber sie brilliert selbstverständlich auch wieder in der Koketterie eines Chansons.« (1941 über DER WEG INS FREIE, »Stadtanzeiger« Köln, 1939)

»Das Raffinement ihres Vortrages, der alle Nuancen vom eigentlichen Gesang über das Rezitieren auf einer bestimmten Tonhöhe bis zum Sprechen kennt, ist ganz unglaublich, und dem seltsamen Reiz der männlichen Stimme erliegt man leicht.« (1948 über einen Konzertauftritt, »Baseler Nachrichten«, 27.2.1948)

»... sie schien weniger eine Schauspielerin als ein Phänomen zu sein, richtiger gesagt, eine Abnormität – ein umgekehrter Kastrat sozusagen: Eine Frau mit der Stimme eines Bassisten, ein dankbares Objekt für Stimmenimitatoren.« (1949 über Zarah Leanders Comeback, »Der Sozialdemokrat«, Berlin, 8.2.1949)

»Sie besitzt eine Stimme, die, als die weichen, tiefen, erotischen Frauenstimmen modern wurden, unbedingt über alle den Sieg davontragen mußte, die noch die Kühnheit hatten, hoch zu zwitschern oder rein und klar – nämlich nur mit der Stimme und nur mit der Stimme – zu singen.« (1949, »DIE ZEIT«, 17.2.1949)

»… etwas pervertiertem Reiz, eine Frau erotische Lieder in der Baritonlage singen zu hören.« (1949, »Berliner Zeitung«, 27.8. 1949)

»… Die Orgel ihrer Stimme erhebend zur schnippisch-gefühlvollen Schlagerarie.« (1950 über GABRIELA, unbekannt, April 1950)

»Ihre warme, sonore, magnetische Stimme konnte Zarah Leander in einer vollkommenen Weise ausnützen. Ein reicher, ausdrucksvoller Kontraalt, der von einem samtenen Geflüster in ein erschütterndes Crescendo mit einer unwahrscheinlichen Leichtigkeit überging.« (1951, Konzertauftritt in Athen, »Kaphimerini«, 19.1.1951)

»… sang und summte, flüsterte und schrie durchs Mikrofon ihr größtenteils bekanntes Chansonrepertoire in deutscher, englischer, französischer und schwedischer Sprache. Raffiniert modulierte sie ihre männlich tiefe, faszinierende Stimme, (…) das war hinreißend durchgestaltete Vortragskunst …«. (1951 über ein Konzert, »Basler Nachrichten«, 19.1.1951)

»Beide … Stimme und Orchester regten sich immer mehr an, steigerten sich gegenseitig, sie verlangten etwas voneinander. Immer mehr! Die Stimme veranlaßte das Orchester zur Intensität. Das Orchester wollte von der Stimme Wärme, den klaren, schwingenden Ton, und nun ist die Musik auf einmal ein

weit ausgebreiteter Teppich, über den die Stimme geht, mühelos, weich und beherrscht! (...) Die Musik ist gehorsam, die Stimme regiert!« (1953 »Filmrevue« Nr. 7, 1953)

»Brünstig verklärt bringt die Leander das, Ave Maria Kontraalt dar und mit neckisch aufhellenden Stimmnuancen und vieldeutig ausholenden Gesten ihre Nachtclubsongs.« (1953 über Ave Maria, »Filmblätter«, 18.9.1953)

»Das attraktive Timbre von Zarah Leanders Stimme, die etwa an den abgrundtiefen Baß eines gestandenen Donkosacken denken läßt ...«. (1957, 50. Geburtstag der Leander von Dorothy Swaanson)

»Die Fülle ihrer tiefen Stimme bestrickte wie eh und je, ob sie von einem zarten Märchen träumte oder die Atmosphäre einer Hamburger Hafenschänke um sich entfesselte, ob sie die Register einer Tragödie zog oder die lächelnde Oberflächlichkeit einer Dame von Welt in allen Tönen spielen ließ ...«. (1958, »Stuttgarter Nachrichten«)

»Ihre dunkle Stimme von einer Kraft, um den Sportpalast zu füllen, sprengte den kleinen Raum.« (1958, »DIE WELT«, August 1958)

»... Hört man einen rauhen, schwerfälligen Bariton, eine vokale Abnormität, die sich im Rahmen einer einzigen Oktave bewegt und die nur darüber hinaus zu forcieren ist, wenn –

Starfoto von 1953

gewissermaßen – alle vier Motoren mit Vollgas laufen (...) Noch länger als in unserer Jugendzeit hallen die rollenden R, die nasalen N und die gutturalen L nach, und nur einmal bekennt sich die Schwedin selbstironisch zu der Karikatur von Gesang...« (1959, »Die Süddeutsche Zeitung«, 17.1.1959)

»... das Stimm- und Schminkwunder Zarah Leander betrat gemessenen Schrittes die Bühne. (...). Die alten Lieder und der alte Alt.« (1959, Konzertauftritt Wuppertal, 19.1.1959)

»... da gelang die Verzauberung, war die Interpretation und der Zusammenklang mit ihrer dunklen ausdrucksfähigen, weltberühmt gewordenen Stimme mit den schleifenden Endkonsonanten vollkommen. Das ist die große Leander von einst!« (1959 über MADAME SCANDALEUSE, »Münchner Merkur«, 27.1.1959)

»Sie spricht noch das dramatisch-rollende Deutsch, ihre herausfordernde Altstimme hat immer noch die Urgewalt einer Kirchenorgel. (...)«. (1959, »Die Filmwoche«, September 1959)

»... der es der Ufa-Alt-Tragödin Zarah Leander erlaubt, aufs neue die tränenunterlaufene Stimme zu heben.« (1959 über DER BLAUE NACHTFALTER, »Der Spiegel«, September 1959)

»... sie darf singen und den Konsonanten mit Ton belasten wie eine Heroine des Meininger Hoftheaters.« (1959 über DER BLAUE NACHTFALTER, in: »N. F.«, 3. September 1959)

»… in der altgewohnten, abgrundtief gutturalen, die Halsadern gefährlich schwellen machenden und auf den Konsonanten über Gebühr genüßlich verweilenden Singmanier unverzüglich anzustimmen.« (1959 über MADAME SCANDALEUSE, »Der Tagesspiegel«, 1.11.1959)

»Zur Eigenart ihrer dunklen, effektvoll modulierenden Stimme hat sich eine gleicherweise weibliche wie künstlerische Reife gestellt, die ihr vollkommene Souveränität verleiht und sie zu entwaffnend sympathischer Selbstironie befähigt.« (1959 über MADAME SCANDALEUSE, »Der Kurier« Berlin, 31.10.1959)

»Der berühmte Alt erklingt, begleitet von kurzen, intensiven, gekonnten Bewegungen und dem großen ›Ufa-Blick‹. (…) WENN DER HERRGOTT WILL' war das nächste Lied, und das ›L‹ hing im Raum wie ein Kronleuchter im Ufa-Atelier.« (1960, »Esslinger Zeitung«, 21.1.1960)

»… die mit ihrer betörenden Cello-Stimme und der eigenwilligen Vortragsart – gegenüber früher angenehm mit Selbstironie durchsetzt … ist«. (1960, »Hannoversche Presse«, 9.10.1960)

»Im übrigen ist Frau Leanders ›Bariton‹ noch baritonaler geworden. Na ja, wenn man, sagen wir, eine Zeit gelebt und gesungen hat, werden die Stimmbänder eben manchmal etwas länger.« (1960 über EINE FRAU, DIE WEISS, WAS SIE WILL, »Österreichische Neue Tageszeitung«, 23.10.1960)

»… und der weltbekannten sonortimbrierten Altstimme, die wie keine andere Konsonanten auszukosten weiß, alles das zusammen ergibt eben jene reizvolle, oft vergeblich kopierte Unnachahmlichkeit, die Zarah Leander heißt.« (1960 über EINE FRAU, DIE WEISS, WAS SIE WILL, »Salzburger Nachrichten«, 26.10. 1960)

»Mit einer Stimme aus dem Keller und großen Gesten. Eine Grande Dame.« (1960 über EINE FRAU, DIE WEISS, WAS SIE WILL, »Express am Morgen«, Wien, 22.10.1960)

»Das kokette Spiel mit der Verruchtheit, sei es mit Augenzwinkern, sei es durch Stimmbandsex, war seit je die Domäne Zarah Leanders …« (1960 über EINE FRAU, DIE WEISS, WAS SIE WILL, »Neuer Kurier«, Wien, 25.10.1960)

»Überhaupt diese Stimme. Wenn sie ertönt, von leichtem gehauchten sehnsüchtigen Stöhnen bis zum ›brutalen‹ Aufschrei. Die metallische, häufig leicht verworfene, aber auch ab und zu ungemein zärtliche und einschmeichelnde Stimme einer reifen Frau.« (1963, »Borkumer Volksblatt«, 19.9.1963)

»Das einmalige Phänomen, diese Stimme, die wie ein Donnerhall über uns kommt, wie das dunkelste Register einer Orgel, wird von Frau Leander geradezu instrumental behandelt – es ist mit seinen leisen und lauten Tönen und den Zwischentönen wie ein Orchester, mit dem sie die Akzente setzt.« (1963, »Westdeutsche Allgemeine Zeitung«, 21.9.1963)

Zarahs erste Fernsehshow ZARAH DIVA (1962)

»Ihre Stimme ist vielleicht etwas härter, rauher geworden, aber sie war noch immer unverwechselbar, dunkel, grollend, leidenschaftlich.« (1963, »Frankfurter Neue Presse«, 14.11.1963)

»Das ist perfekter Chansonstil, den eine Stimme mit Wotanswucht hervorbringt.« (1963, »WELT am SONNTAG«, 6.10.1963)

»... und singt mit rollenden, grollenden Konsonanten von Liebe, Glück und Illusion. Sie verkörpert Eros in Monumentalform (...) Die Leander singt und spricht mit ihrer hämmernden Sprache, mit ihrer für sie so charakteristischen Artikulation. Wieder wirkt sie durch ihr Organ, das dann plötzlich ins Piano sinken kann und bei aller Plastik des Wortes verschwebt.« (1964, »Trierischer Volksfreund«, 29.10.1964)

»Zarah Leanders Kapital ist wie einst eine Baßstimme vom Volumen Josef Greindls und das Generalstimbre einer Adele Sandrock.« (1965 über LADY AUS PARIS, »Der Abend«, Berlin, 20.3.1965)

»... und das Orchester begleitet einen brüchigen, anrüchigen, einen erinnerungsschwelgenden Damenbaß.« (1965 über LADY AUS PARIS, »Der Tagesspiegel«, Berlin, 21.3.1965)

»Ihre Orgelstimme weckte Erinnerungen, sie artikulierte die Endkonsonanten wie eh und je, als seien sie mit Pedal gesungen.« (1965, »Süddeutsche Zeitung«, 14.9.1965)

»... wie sie tiefstem Schmerz, zartesten Gefühlsregungen und übersprudelndem Temperament Dank des faszinierenden Timbres ihrer Stimme, untermalt von Mimik und Gestik, treffsicheren Ausdruck verleiht.« (1965, »Hanauer Anzeiger«, 13.10. 1965)

»... in der Kraft ihrer Stimme, aus tiefsten Tiefen kommend und von Liebe, Trauer, Glück und der Vergangenheit kündend, in ihren Chansons einen Hauch von kultivierter und sentimentaler Verworfenheit und leicht erotisierender Frechheit vermittelnd.« (1966, »Solinger Tageblatt«, 6.10.1966)

»Die eigentümliche, faszinierend dunkle Stimme hat kaum etwas von ihrem geheimnisvollen Glanz eingebüßt und vermag immer noch Glück und Lebenskraft, aber auch Bitternis und Melancholie wie kabarettistischen Charme zu vermitteln.« (1966, »Braunschweiger Zeitung«, 24.10.1966)

»Das dunkle Timbre ihrer Stimme, die sich aus baritonaler Tiefe bis in die Grenzen eines Mezzosoprans erhob, war die vielbestaunte Einmaligkeit, die ihre Zuhörer immer wieder in helle Begeisterung versetzte.« (1966, »Hannoversche Allgemeine«, 21.10.1966)

»... und immer noch mit mächtiger Androgynenstimme jede Silbe, ja jeden Buchstaben ihres Textes auskostet, so daß manche Buchstaben – beispielsweise ihr berühmtes rollendes R –

ein schier unfaßbares Eigenleben gewinnen.« (1966, »Lübecker Morgen«, 5.11.1966)

»... mit ihrer eindringlichen tiefen Stimme, der Besonderheit, deutlich zu artikulieren, und durch vorzügliche Aussprache auch den oft vernachlässigten Mitlauten eine bemerkenswerte Position zu geben.« (1966, »Die Tat«, Zürich, 26.11.1966)

»... die dunkle Stimme dröhnt und peitscht durch die profane Halle, dynamische Kontraste werden ausgespielt, krasse Zäsuren eingesetzt. Sie lockt, sie wirbt ...« (1966, »Volksblatt Trier«, 27.11.1966)

»... dann vergißt man über dieser faszinierenden Stimme, daß sie eigentlich vom Äußeren her mehr an eine Wagner-Primadonna als an eine Kabarettistin erinnert.« (1966, »Neue Ruhr Zeitung«, 26.11.1966)

»... eine Oktave tiefer sang als weibliche Wesen im allgemeinen, mit summenden Konsonanten und einem unnachahmlichen, von ihr erfundenen ›Etwas‹ in der Stimme.« (1966, »Die Rheinpfalz«, 24.11.1966)

»... und die Stimme. Noch immer befolgt sie Marlene Dietrichs Rezept: ›Wenn's tragisch wird, singe ich tief‹.« (1967, »Die Süddeutsche Zeitung«, 26.10.1967)

Zarah in der ZDF-Sendung Erkennen Sie die Melodie? (Januar 1976)

»Man fand den Wodka. Der nämlich gibt eine so wunderbar rauchige Stimme, wie sie die unzähligen Erinnerungsfanatiker von Zarah Leander immer mal wieder hören wollen.« (1968 über WODKA FÜR DIE KÖNIGIN, »Die Zeit«, von Helmuth Karrasek, 29.11.1968)

»Die Stimme verströmt Pathos, Seele und Sehnsucht entquillen. Feinnervige Jünglinge lassen sich beflügeln vom weltwehtiefen Baß.« (1970, »BZ«, Berlin, 23.10.1970)

»... (die Stimme) ... die in schier kaum glaublichen Scharen junge Männer anlockt, entspricht wie in einer geheimen Übereinkunft dem bizarren Kontra-Alt dieser Stimme. Sie gurgelt ihr ›rrr‹ nun noch terroristischer, auch seliger, auf den Vokalen ruht sie wie auf Lotterbetten: KANN DENN LIEBE SÜNDE SEIN?« (1973 über Abschiedskonzert, »Tagesspiegel«, Berlin, Karena Niehoff, 24.10.1973)

»Der tiefe Leander-Ton, der mit dem ICH WEISS, ES WIRD EINMAL EIN WUNDER GESCHEHN laut herausbricht, fährt so dröhnend in den Saal (der Kontra-Alt durchs Mikrofon noch einmal verstärkt) und die Wand über die Ränge herauf, daß man meint, die Galerie breche ab, man stürze in den Keller; der Resonanzraum dieser Brust muß so groß sein wie der Raum des Theaters einschließlich Unterbau. Nie habe ich einen stärkeren tiefen Tonschlag gehört als diesen, ein Regiment singender Dragoner ist ein Knabenchor gegen den umwerfenden

Angriff.« (1973 über Abschiedskonzert, »Frankfurter Allgemeine Zeitung« (FAZ), Günther Rühle, 15.11.1973)

»Ihre Stimme gleitet über die Musik und über den Text wie ein Begehren. Es ist eine Lust, die fern aller Interpretationen wirkt, die sich eigensinnig davon absetzt und auf etwas verweist, was der Körper der Sängerin ist. Hier teilt sich ein Ton mit, der nicht erst in der Kehle entsteht, der schon vorher da ist, im Innern des Leibes, als eigenständiger physischer Ausdruck, ein Ton unerfüllter Sehnsucht, der danach drängt, sich Gehör zu verschaffen. Die Stimme ist der Ort, wo sich die Lust des Körpers artikuliert.« (1995, »Das Ufa-Buch«, herausgegeben von Hans-Michael Bock und Michael Töteberg bei Zweitausendeins, Seite 386, von Renate Helker)

Die Bühnenrollen

Bevor Zarah Leander im Jahre 1936 in Wien ihr deutschsprachiges Theaterdebüt gab, spielte sie bereits in Skandinavien in zwölf Revuen, einer Komödie, DIE SCHULE DER KOKOTTEN, einem Schauspiel, EINE JAPANISCHE TRAGÖDIE, und in zwei Operetten. DIE LUSTIGE WITWE von Franz Lehár hatte am 1. September 1931 in Stockholm Premiere. Ihr Partner war der damals sehr berühmte schwedische Schauspieler Gösta Ekman. Die Premiere von EINE FRAU, DIE WEISS, WAS SIE WILL von Oscar Straus fand am 8. September 1933 in Göteborg statt. In dieser Rolle war sie 1960 auch in Wien zu sehen. Das folgende Verzeichnis umfaßt sämtliche Bühnenstücke, in denen sie ab September 1936 mitwirkte.

Titel: AXEL AN DER HIMMELSTÜR
           Musikalisches Lustspiel von Ralph Benatzky
Textbuch: Paul Morgan und Adolf Schütz mit Beiträgen von
           Max Hansen und Liedtexten von Hans Weigel
Regie: Arthur Hellmer
Darsteller: Zarah Leander (Gloria Mills), Max Hansen (Axel),
           Paul Morgan, Otto Wallburg, Heidemarie Hatheyer.
Lieder: »Kinostar«, »Gebundene Hände«, »Eine Frau von
           heut«

◁ Starfoto von 1942

In Axel an der Himmelstür (1936)

Ort: Theater an der Wien, Wien, ab 1. September 1936 (Welturaufführung)

Die Handlung spielt in Hollywood. Ein Reporter will die berühmte Filmschauspielerin Gloria Mills (Zarah Leander) interviewen. Die Diva (in Anlehnung an Greta Garbo) zeigt sich hochmütig und will niemanden empfangen. Der Reporter (Max Hansen) verkleidet sich als Greis, um als Komparse ins Filmatelier vorzudringen.

Mit Max Hansen und Ralph Benatzky bei der Premiere von AXEL AN DER HIMMELSTÜR (1936)

Er stiert die große Gloria im Atelier so lange an, bis diese sich belästigt fühlt und den Hinauswurf des alten Mannes verlangt. Die Diva, nach außen hochmütig, im Inneren aber hilfsbereit, hat ein Herz für den Alten. Er tut ihr leid, und sie lädt ihn zu einem Abendessen ein, um sich zu entschuldigen. Als der Herr, nunmehr ein junger Max Hansen, bei der Diva erscheint, droht ihm erneut der Hinauswurf. Aber er bezwingt ihr sprödes Herz, das nach einer verunglückten Liebesaffäre ohnehin gerade tröstungsbedürftig ist, und es kommt zu einem Happy-End.

Titel: MADAME SCANDALEUSE
  Musical von Ernst Nebhut und Peter Kreuder
Regie: Alfred Walter
Darsteller: Zarah Leander (Helene), Ruth Gerhardt,
  Rudi Walter, Hans Unterkircher, Margit Symo.
Lieder: »Man muß den Männern was bieten«,
  »Man muß für alles bezahlen«,
  »Daran zerbricht man doch nicht«,
  »Frauen sind schwer zu durchschauen«,
  »Die alte Liebe«
Ort: Raimund-Theater, Wien, ab 5. September 1958
  (Welturaufführung)
Gastspiele: 1959 in München, Berlin und Hamburg
In Anlehnung an das Bühnenstück FRAU WARRENS GEWERBE von George Bernard Shaw spielt Zarah Leander als Helene eine vornehme reiche Dame, die an der Riviera ein großes Haus be-

In MADAME SCANDALEUSE im Berliner Titania-Palast (1959)

sitzt und immer wieder nach Südamerika segelt, um dort die Silberminen, die sie von ihrem Gatten geerbt hat, zu verwalten.

In Wirklichkeit sind es keine Silberminen. Es handelt sich vielmehr um ein zwielichtiges Etablissement mit reichen Freiern, in dem sie als Sängerin auftritt, um ihrer Tochter in Europa eine gute Erziehung zu sichern. Wie es der Zufall will, wird sie bei einem Auftritt von ihrer Tochter, dem angehenden Schwiegersohn und hochgestellten Freunden, die alle nichts von ihrem Gewerbe ahnten, überrascht. Es gibt Tränen, Ohrfeigen, Melancholie und schließlich ein Happy-End.

Titel: EINE FRAU, DIE WEISS, WAS SIE WILL
            Operette von Oscar Straus
Regie: Karl Farkas
Darsteller: Zarah Leander (Manon Cavallini)
Ort: Raimund-Theater,
            Wien, ab 21. Oktober 1960
Gastspiel: ab 26. 12. 1961 am Storateater, Göteborg

Die junge Lucy weiß nicht, daß der große Star, die berühmte Diva aus Paris, Manon Cavallini (Zarah Leander), ihre Mutter ist. Sie bittet die Diva, die zahlreiche Liebhaber hat, ihr den jungen Raoul, den sie heiß liebt, der aber Manon verehrt, zu überlassen. Aus Mutterliebe verzichtet Manon und legt ihrer Tochter mit Raouls Rosenstrauß gleichsam jenen selbst in die Arme. Jahre später rettet Manon resolut die Ehe Lucys mit Raoul und gibt sich ihrer Tochter endlich zu erkennen.

                Szenenbild aus EINE FRAU, DIE WEISS, WAS SIE WILL ▷

Titel: LADY AUS PARIS
Musical von Karl Farkas und Peter Kreuder (nach Motiven von Oscar Wildes Komödie LADY WINDERMERES FÄCHER)
Regie: Karl Farkas
Darsteller: Zarah Leander (Mrs. Erlynne), Paul Hörbiger (Lord Augustus Lorton), Friedl Czepa, Ursula van der Wielen, Hans Henn
Lieder: »Ich bin eine Frau mit Vergangenheit«, »Mich hat die Welt kaltgestellt«, »Die Liebe geht seltsame Wege«, »Sehnsucht nach dem Frühling«
Ort: Raimund-Theater, Wien, ab 22. Oktober 1964 (Welturaufführung)
Gastspiel: März/April 1965 im Theater des Westens, Berlin

Die beliebte Sängerin Odette (Zarah Leander) gibt in einem Pariser Nachtlokal ihre Abschiedsvorstellung, bevor sie wieder nach England zurückkehrt. Bei dieser Gelegenheit lernt sie Lord Windermere kennen, der in London lebt und mit ihrer Tochter verheiratet ist, die nichts davon ahnt, daß sie als Kind von ihrer Mutter verlassen wurde. Ihm gibt sich Odette jetzt zu erkennen, damit er ihr hilft, ihre Rückkehr in die englische Gesellschaft vorzubereiten.

Als Lord Windermere von seiner Gattin verlangt, Odette trotz ihres zweifelhaften Rufes zu ihrer Geburtstagsparty einzuladen, droht sie ihrem Gatten, daß sie ihm, wenn Odette gemeldet wird, vor allen Gästen mit einem Fächer ins Gesicht schlagen wird. Als Odette erscheint, verläßt Lady Windermere das

◁ Zarah in der Operette EINE FRAU, DIE WEISS, WAS SIE WILL (1960)

In dem Musical DIE LADY AUS PARIS im Berliner »Theater des Westens« (1965)

Haus und schreibt einen Abschiedsbrief, der Odette in die Hände fällt. Bei einer Aussprache zwischen Odette und Lady Windermere löst sich das Rätsel, Mutter und Tochter schließen sich in die Arme.

Titel: WODKA FÜR DIE KÖNIGIN!
Musical von Peter Thomas, Ika Schafheitlin, Helmuth Gauer
Regie: Werner Saladin
Darsteller: Zarah Leander (Aureliana, Königin von Bessadanien)
Lieder: »Wodka für die Königin«, »Das ist die große Zeit«, »Wenn am Schwarzen Meer«, »Danke«
Ort: Operettenhaus, Hamburg, ab 14. November 1968 (Welturaufführung)
Gastspiel: 4. September bis 10. November 1969 am Raimund-Theater, Wien

Königin Aureliana (Zarah Leander), Regentin des Phantasiestaates Bessadanien, dankt ab, um sich von den Regierungsgeschäften zu erholen und einmal in Ruhe, ohne Angst vor der Kabinettssitzung am nächsten Morgen, ihren Wodka trinken zu können. Die amerikanische Werbemanagerin Mrs. Applegreen überredet sie, sich fotografieren und ihr Konterfei gegen eine hohe Summe auf dem Etikett einer amerikanischen Wodkafirma abbilden zu lassen. Ihre beiden Töchter sind aber inzwischen nicht in der Lage, die Regierungsgeschäfte in Bessadanien wahrzunehmen, da sie sich mehr für ihre eigenen Affären als die des Staates interessieren. Gezwungenermaßen muß

Königin Aureliana aufs neue den Thron besteigen; das Glück kehrt wieder ein in Bessadanien.

Titel: Das Lächeln einer Sommernacht
          Musical von Stephan Sondheim und Hugh Wheeler
          (nach dem gleichnamigen Film von Ingmar Bergman)
Regie: George Martin (in der Originalinszenierung von Harold Prince)
Darsteller: Zarah Leander (Madame Arnfeldt), Susanne Almassy, Dagmar Koller, Naemi Priegel, Marianne Becker, Peter Haener
Lieder: Zarah Leander sang: »Liaisons«, »Ein Leben voller Glanz«
Ort: Theater an der Wien, Wien, ab 14. Februar 1975
          Zarah Leander spielte diese Rolle ab September 1978 am Folkanteater, Stockholm

Drei Perioden der Liebe – die der Unschuld, die der haltlosen Abhängigkeit und die der weisen Einsicht der Gereiften – repräsentieren drei Generationen von Liebenden, gleichzeitig aber auch die drei Stadien einer Sommernacht.

»Die Sommernacht hat für mich nur noch ein Lächeln übrig, ein Lächeln für die Alten, Schwermütigen und Einsamen.« Dies war die Quintessenz für Zarah Leander in ihrer letzten Bühnenrolle als weise Madame Arnfeldt, die aus der Position ihrer Lebenserfahrung mit ironischer Distanz auf ihr Liebesleben zurückblickt und gleichzeitig ihre Lebensphilosophie der jüngeren Generation zu vermitteln sucht.

Zarah mit Dagmar Koller während der Proben zu Das Lächeln einer Sommernacht in Wien (1975)

Die Filmographie

Titel: DANTES MYSTERIER (Dantes Mysterien)
Produktion: Svensk filmindustri
Regie: Paul Merzbach
Drehbuch: Paul Merzbach
Darsteller: Zarah Leander, Eric Abrahamson,
                     Elisabeth Frisk, Gustaf Löväs
Herstellungsjahr: 1930

Es handelt sich hier nicht um einen Film über den großen italienischen Dichter Dante, sondern über den damals sehr populären dänischen Zauberkünstler Harry Jansen, der 1930 unter dem Künstlernamen Dante in Stockholm auftrat. Zarah gibt ihr Filmdebüt in einer kleinen Rolle als Hexe, die von Dante hervorgezaubert wird und, auf einem Besen reitend, ein Lied singt. Dieser Film wurde gleichzeitig in einer englischen Fassung gedreht.

Titel: FALSKA MILLIONÄREN (DER FALSCHE MILLIONÄR)
Produktion: Minerva Haik
Regie: Paul Merzbach
Drehbuch: Oscar Rydquist, Paul Merzbach
Lied: »Ögon som ljuga och le«
                     (Augen, die lügen und lächeln)

◁ Starfoto aus CUBA CABANA

Der falsche Millionär (1931)

Darsteller: Zarah Leander, Sture Lagerwall, Håkan Westergren, Fridolf Rhudin
Herstellungsjahr: 1931
Zarah Leanders erste größere Filmrolle spielt im Luxus- und im Landstreichermilieu. In dieser Verwechslungskomödie, in der sich alles ums Geld und um die Liebe dreht, wird sie zum ersten Mal als mondäner Vamp präsentiert. Dieser Film wurde gleichzeitig in einer französischen Fassung gedreht, die von André Berthomieu eingerichtet wurde und am 6. 11. 1931 in Paris Premiere hatte.

Titel: ÄKTENSKAPSLEKEN (Skandal)
Produktion: Svenska ab M-film
Regie: Ragnar Hyltén-Cavallius
Kamera: Ake Dahlquist
Drehbuch: Karl Gerhard
Musik: Jules Sylvain
Texte: Josef Richter
Lieder: »Liebe ist ein Glück«,
»Sag' kein Wort mehr«
Darsteller: Zarah Leander, Einar Axelsson, Karl Gerhard, Elsa Carlsson
Herstellungsjahr: 1935
Tora Didikeen (Zarah Leander), eine berühmte Bildhauerin, ist mit Gunnar Grahn verheiratet. Er ist ebenfalls Bildhauer und eifersüchtig auf den Erfolg seiner Frau. Daraus entstehen die Unstimmigkeiten dieser Ehe. Außerdem glaubt er hintergan-

In Skandal (1935)

gen zu werden, da seine Frau für einen Wettbewerb eine nackte Skulptur mit dem Titel »Genius der Scholle« modelliert und für diese Arbeit diverse männliche Modelle Akt stehen läßt. Um ihre Ehe zu retten, zieht sie nach allerhand Verwicklungen ihr Werk vom Wettbewerb zurück, es gibt ein Happy-End.

Titel: PREMIERE
Produktion: Gloria-Syndikat-Film, Wien
Regie: Geza von Bolvary
Kamera: Franz Planer
Drehbuch: Dr. Max Wallner, F. D. Andam
Musik: Dénes von Buday, Peter von Fenyes
Texte: Hanns Schachner
Lieder: »Merci, mon ami, es war wunderschön …!«, »Ich hab' vielleicht noch nie geliebt …!«
Darsteller: Zarah Leander, Karl Martell, Attila Hörbiger, Theo Lingen, Maria Bard
Herstellungsjahr: 1936
Uraufführung: 25. 2. 1937
Länge: 2102 m

Zarahs deutschsprachiges Debüt spielt in einem Revuetheater und gibt ihr Gelegenheit, in herrlichen Roben, umgeben von Spiegeln und aufwendigem Ballett, majestätisch ihre Lieder vorzutragen.

Bei der Premiere der Revue geschieht ein Mord. Verdächtigt werden der erste Liebhaber des Ensembles (Karl Martell) und der neue Star Carmen (Zarah Leander). Die Suche nach dem

In Premiere (1936)

In PREMIERE (1936)

Täter bringt einiges an Verwicklung und Spannung ins Eifersuchtsdrama. Theo Lingen als nervöser Theaterinspizient sorgt dafür, daß auch die komischen Elemente nicht zu kurz kommen.

Titel: Zu neuen Ufern
Produktion: Ufa
Regie: Detlef Sierck
Kamera: Franz Weihmayr
Drehbuch: Detlef Sierck, Kurt Heuser, nach dem Roman von Lovis H. Lorenz
Musik: Ralph Benatzky
Texte: Ralph Benatzky
Lieder: »Yes, Sir!«, »Ich steh' im Regen«, »Tiefe Sehnsucht«
Darsteller: Zarah Leander, Willy Birgel, Viktor Staal, Erich Ziegel, Hilde von Stolz, Carola Höhn, Jakob Tiedtke
Herstellungsjahr: 1937
Uraufführung: 31. 8. 1937
Länge: 2879 m

Die Sängerin Gloria Vane (Zarah Leander), umjubelter Star eines Londoner Varietétheaters, liebt den jungen Sir Albert Finsbury (Willy Birgel). Als dieser einen Scheck fälscht, nimmt sie die Schuld auf sich und wird nach Australien ins berüchtigte Zuchthaus »Paramatta« deportiert.

Da in dem neubesiedelten Land ein Mangel an Frauen herrscht, wird allen Gefangenen, die bei einer monatlich stattfindenden

Zu neuen Ufern (1937) ▷

Brautschau auserwählt werden, der Rest ihrer Strafe erlassen. Glorias einstiger Geliebter, der sich als Offizier in Australien aufhält, wäre also durchaus in der Lage, ihr auf diesem Weg die Freiheit zu schenken.
Aber sie muß erkennen, daß Albert nicht den Mut hat, sich zu ihr zu bekennen. Bei dem Farmer Harry (Viktor Staal) findet sie schließlich die wahre Liebe und damit zu sich selbst.

Titel: LA HABANERA
Produktion: Ufa
Regie: Detlef Sierck
Kamera: Franz Weihmayr
Drehbuch: Gerhard Menzel
Musik: Lothar Brühne
Texte: Franz Baumann, Bruno Balz, Detlef Sierck
Lieder: »Der Wind hat mir ein Lied erzählt«, »Du kannst es nicht wissen«, »Kinderlied«
Darsteller: Zarah Leander, Julia Serda, Ferdinand Marian, Karl Martell, Paul Bildt, Michael Schulz-Dornburg, Lisa Hellwig
Herstellungsjahr: 1937
Uraufführung: 18. 12. 1937
Länge: 2692 m

Auf einer Reise nach Puerto Rico lernt die schöne Schwedin Astrée (Zarah Leander) den wohlhabenden Don Pedro (Ferdinand Marian) kennen und lieben. Astrée heiratet Don Pedro, doch die Ehe wird nicht glücklich. Ihr eifersüchtiger Mann

◁ ZU NEUEN UFERN (1937)

La Habanera (1937)

hält sie wie in einem goldenen Käfig gefangen. Das sonnige Inselreich, das ihr einst als Paradies erschien, ganz im Gegensatz zu Schweden mit seinem Regen, seiner Kälte und seinen verschlossenen Menschen, hat inzwischen seinen Reiz verloren. Als eines Tages ihr Jugendfreund Dr. Nagel (Karl Martell) auf die einsame Insel kommt, blüht sie wieder auf. Schnell gerät er mit Don Pedro aneinander. Als ihr Gatte unerwartet an den Folgen eines unbekannten Fiebers stirbt, zu dessen Erforschung ihr Jugendfreund auf die Insel gekommen war, kehrt sie mit ihm in ihre Heimat zurück.

Titel:	HEIMAT
Produktion:	Ufa
Regie:	Carl Froelich
Kamera:	Franz Weihmayr
Drehbuch:	Harald Braun, nach dem gleichnamigen Schauspiel von Hermann Sudermann
Musik:	Theo Mackeben
Lieder:	»Ach, ich habe sie verloren« aus »Orpheus und Eurydike« von Gluck, »Eine Frau wird erst schön durch die Liebe« (Text: Michael Gesell), »Drei Sterne sah ich scheinen« (Text: Hans Brennert)
Darsteller:	Zarah Leander, Heinrich George, Ruth Hellberg, Lina Carstens, Paul Hörbiger, Franz Schafheitlin, Leo Slezak
Herstellungsjahr: 1938	

HEIMAT (1938) ▷

Uraufführung: 25. 6. 1938
Länge: 2780 m

Dieser Film war eine der erfolgreichsten Produktionen der Ufa. Als Vorlage diente ein Schauspiel des 1928 verstorbenen Dichters Hermann Sudermann. Die Handlung schildert die Rückkehr einer berühmten Sängerin (Zarah Leander) aus den USA in eine kleine deutsche Residenzstadt. Der Vater (Heinrich George), der sie wegen ihres »Lebenswandels«, sie bekam ein uneheliches Kind, verstoßen hat, nimmt sie wieder auf, als er erkennt, daß Liebe wichtiger ist als bürgerliche Moral.

Der Film endet mit den Klängen aus der Matthäuspassion. Die strahlende Stimme Zarah Leanders erhebt sich über den Chor, während der Vater, Tränen der Freude weinend, sein Enkelkind in den Armen hält.

Titel:	DER BLAUFUCHS
Produktion:	Ufa
Regie:	Viktor Tourjansky
Kamera:	Franz Weihmayr
Drehbuch:	K. G. Külb, nach einem Stück von Ferencz Herczeg
Musik:	Lothar Brühne
Texte:	Bruno Balz
Lieder:	»Kann denn Liebe Sünde sein«, »Von der Puszta will träumen«
Darsteller:	Zarah Leander, Willy Birgel, Paul Hörbiger, Jane Tilden, Karl Schönböck, Rudolf Platte

◁ Mit Heinrich George in HEIMAT (1938)

Herstellungsjahr: 1938
Uraufführung: 14. 12. 1938
Länge: 2765 m

Auf der Heimfahrt von einem Besuch bei einer Tante ihres Mannes begegnet die attraktive Ungarin Ilona (Zarah Leander) dem Flieger Tibor (Willy Birgel). Dieser schafft es mit einem Trick, daß sie sich bereit erklärt, in seinem Wagen nach Budapest zurückzukehren. Der charmante Flieger ist fasziniert und hofft beim Abschied auf ein Wiedersehen.

In einer Drehpause mit Willy Birgel (links) und Paul Hörbiger von BLAUFUCHS (1938)

Es kommt unerwartet schnell zustande, als Tibor seinen alten Freund Stephan (Paul Hörbiger) besucht und Ilona sich als dessen Frau entpuppt. Stephan denkt mehr an seine Karriere als an seine Frau. Die Ehe ist nicht glücklich. Ilonas Cousine Lisi (Jane Tilden) bemüht sich daher, Stephan für sich zu gewinnen. Erst nach mehreren Mißverständnissen finden auch Ilona und Tibor zueinander.

Titel:	ES WAR EINE RAUSCHENDE BALLNACHT
Produktion:	Ufa
Regie:	Carl Froelich
Kamera:	Franz Weihmayr
Drehbuch:	Geza von Cziffra, Dialoge: Frank Thieß
Musik:	Theo Mackeben und Peter Tschaikowsky
Texte:	Hans Fritz Beckmann, Frank Thieß
Lieder:	»Nur nicht aus Liebe weinen«, »Chanson triste«, »Romanze« von Tschaikowsky
Darsteller:	Zarah Leander, Hans Stüwe, Marika Rökk, Aribert Wäscher, Leo Slezak, Fritz Rasp, Paul Dahlke
Herstellungsjahr:	1939
Uraufführung:	15. 8. 1939
Länge:	2579 m

Die schöne Katharina Alexandrowna (Zarah Leander), verheiratet mit dem reichen Murakin (Aribert Wäscher), kann ihre erste große Liebe nicht vergessen – den jungen Komponisten Peter Tschaikowsky (Hans Stüwe). Eines Tages fährt sie nach

ES WAR EINE RAUSCHENDE BALLNACHT (1939) ▷

Es war eine rauschende Ballnacht (1939)

Moskau und trifft ihn auf einem Maskenball. Der bisher erfolglose Tschaikowsky bittet die einstige Geliebte, ihren Mann zu verlassen und zu ihm zurückzukehren. Sie lehnt dieses Angebot ab, um ohne sein Wissen seine Karriere mit dem Geld ihres Mannes fördern zu können.

Tschaikowsky widmet sich nach dieser Enttäuschung ganz der Kunst, und Jahre später dirigiert er in Moskau seine 6. Symphonie. Unter den Zuhörern befindet sich auch Katharina Alexandrowna, die sich inzwischen von Murakin getrennt hat. Bei der Uraufführung erleidet Tschaikowsky einen Choleraanfall. Während seine Symphonie weitergespielt wird, stirbt er in Katharinas Armen.

ES WAR EINE RAUSCHENDE BALLNACHT (1939)

Titel:	DAS LIED DER WÜSTE
Produktion:	Ufa
Regie:	Paul Martin
Kamera:	Franz Weihmayr
Drehbuch:	Walther von Hollander, Paul Martin
Musik:	Nico Dostal
Texte:	Bruno Balz
Lieder:	»Heut' abend lad' ich mir die Liebe ein«, »Fatme, erzähl' mir ein Märchen«, »Sagt dir eine schöne Frau ›vielleicht‹«, »Ein paar Tränen werd' ich weinen um dich«
Darsteller:	Zarah Leander, Gustav Knuth, Friedrich Domin, Herbert Wilk, Franz Schafheitlin
Herstellungsjahr:	1939
Uraufführung:	17. November 1939
Länge:	2374 m

In einem internationalen Mandatsgebiet Nordafrikas baut der schwedische Ingenieur Nic Brenten (Gustav Knuth) an einem Werk, das die Kupferminen in dieser Gegend erschließen soll. Die gefeierte Sängerin Grace Collins (Zarah Leander) trifft überraschenderweise im Hotel Royal am Rande der Wüste ein. Sie besucht ihren Stiefvater, den englischen Finanzmanager Sir Collins (Friedrich Domin), der ebenfalls an den Schürfrechten der Kupfermine interessiert ist.

Grace lernt den schwedischen Ingenieur kennen und macht aus ihrer Zuneigung zu Nic Brenten kein Hehl. Ihr Stiefvater, der die Schürfrechte um jeden Preis in seinen Besitz bekom-

DAS LIED DER WÜSTE (1939) ▷

men will, versucht diese Liebesbeziehung zu verhindern. Ein Happy-End ergibt sich erst, nachdem Collins von arabischen Freischärlern getötet wird.

Titel:	DAS HERZ DER KÖNIGIN
Produktion:	Ufa
Regie:	Carl Froelich
Kamera:	Franz Weihmayr
Drehbuch:	Harald Braun, Jacob Geis, Rolf Reißmann
Musik:	Theo Mackeben
Texte:	Harald Braun
Lieder:	»Ein schwarzer Stein, ein weißer Stein«, »Wo ist dein Herz«, »Schlummerlied«
Darsteller:	Zarah Leander, Willy Birgel, Maria Koppenhöfer, Lotte Koch, Axel von Ambesser, Will Quadflieg, Margot Hielscher, Hubert von Meyerinck, Erich Ponto
Herstellungsjahr:	1940
Uraufführung:	1. 11. 1940
Länge:	3056 m

Nach jahrelangem Aufenthalt in Frankreich kehrt Maria Stuart (Zarah Leander) nach Schottland zurück. Königin Elisabeth I. von England (Maria Koppenhöfer) wiegelt jedoch durch Bestechung und Intrigen den schottischen Adel gegen sie auf. Da heiratet Maria den Prinzen Henry Darnley (Axel von Ambesser). Doch Elisabeths Gesandter am schottischen Hof schürt

DAS HERZ DER KÖNIGIN (1940)

Als Maria Stuart in Das Herz der Königin (1940)

Als Maria Stuart in DAS HERZ DER KÖNIGIN (1940)

weiterhin den Haß der schottischen Lords. Als Lord Bothwell (Willy Birgel) Henry Darnley umbringen läßt und Marias zweiter Gemahl wird, erheben sich die Schotten gegen ihr Königshaus und geben so Elisabeth den Vorwand, einzugreifen. Bothwell wird sofort getötet, Maria nach neunzehn Jahren Gefangenschaft hingerichtet.

Titel:	DER WEG INS FREIE
Produktion:	Ufa
Regie:	Rolf Hansen
Kamera:	Franz Wehmayr
Drehbuch:	Harald Braun, Jacob Geis, Rolf Hansen
Musik:	Theo Mackeben
Texte:	Harald Braun, Hans Fritz Beckmann
Lieder:	»Ich will nicht vergessen«, »Ich sag' nicht ja, ich sag' nicht nein«, »Der Stern hat uns gefunden« und »Leuchtend ist der Tag gegangen« (Rossini: »Semiramis«) sowie Verdi: »Rigoletto«, 3. Akt
Darsteller:	Zarah Leander, Hans Stüwe, Agnes Windeck, Siegfried Breuer, Hedwig Wangel, Herbert Hübner, Walter Ludwig
Herstellungsjahr:	1941
Uraufführung:	7. 5. 1941
Länge:	3090 m

Szenenfoto mit Hans Stüwe aus Der Weg ins Freie (1941)

Szenenfoto mit Walther Ludwig
aus DER WEG INS FREIE (1941)

Die Handlung spielt in Wien zur Zeit Metternichs und auf einem einsamen Gut in Pommern. Die Opernsängerin Antonia Corvelli (Zarah Leander) soll ihre glanzvolle Bühnenlaufbahn beenden, um ihrem Gatten (Hans Stüwe) auf sein Gut im Pommern zu folgen. Aber Antonia kann auf die Bühne nicht verzichten. Sie hat heimlich ihren Vertrag verlängert. Ihr Gatte will eine klare Entscheidung und reist allein auf sein Gut.
Durch den Grafen Oginski (Siegfried Breuer) wird Antonia in eine dramatische Affäre verwickelt. Sie weiß keinen Ausweg mehr und täuscht einen Selbstmord in der Donau vor, flüchtet jedoch in die Einsamkeit der Schweiz. Nach Jahren der Irrfahrt landet sie schließlich auf dem Gut ihres Gatten. Dieser ist inzwischen wieder verheiratet und hat ein Kind. Um dieses Glück nicht zu zerstören, begeht Antonia Selbstmord.

Titel:	DIE GROSSE LIEBE
Produktion:	Ufa
Regie:	Rolf Hansen
Kamera:	Franz Weihmayr
Drehbuch:	Peter Groll, Rolf Hansen
Musik:	Michael Jary
Texte:	Bruno Balz
Lieder:	»Ich weiß, es wird einmal ein Wunder gescheh'n«, »Mein Leben für die Liebe«, »Davon geht die Welt nicht unter«, »Heut' kommen die blauen Husaren«

Darsteller: Zarah Leander, Viktor Staal,
Paul Hörbiger, Grethe Weiser,
Wolfgang Preiß,
Hans Schwarz jun.
Herstellungsjahr: 1941/42
Uraufführung: 12. 6. 1942
Länge: 2738 m

Die große Liebe zwischen dem Flieger Paul Wendland (Viktor Staal) und der Varietésängerin Hanna Holberg (Zarah Leander) beginnt während eines Fliegeralarms im Luftschutzkeller. Durch den Krieg wird diese Liebesbeziehung aber immer wieder unterbrochen. Ständig ergeben sich Mißverständnisse durch verpaßte Gelegenheiten.

Während Hanna vergeblich auf ein Lebenszeichen hofft, fliegt er, ohne daß sie etwas davon ahnt, Einsätze in Afrika. Wenn Wendland sie in ihrer Berliner Wohnung besuchen will, gibt sie ein Wehrmachtskonzert in Paris. Selbst die Absicht, endlich zu heiraten, wird am Polterabend durch einen plötzlichen Einsatzbefehl verhindert. Enttäuscht nimmt Hanna ein Engagement in Rom an. Als Wendland sie dort überraschend besucht, meldet er sich trotz Urlaubs sofort wieder zur Front, da der Krieg mit Rußland beginnt. Hanna bleibt verständnislos in Rom zurück. Erst als ihr Flieger verwundet wird, scheint die große Liebe in Erfüllung zu gehen.

Titel:	DAMALS
Produktion:	Ufa
Regie:	Rolf Hansen
Kamera:	Franz Weihmayr
Drehbuch:	Peter Groll, Rolf Hansen, nach einer Idee von Bert Roth
Musik:	Lothar Brühne, Ralph Benatzky
Texte:	Bruno Balz, Ralph Benatzky
Lieder:	»Jede Nacht ein neues Glück«, »Einen wie dich könnt' ich lieben«, »Bitte an die Nacht«
Darsteller:	Zarah Leander, Hans Stüwe, Rossano Brazzi, Karl Martell, Hilde Körber, Otto Graf, Jutta von Alpen
Herstellungsjahr:	1942
Uraufführung:	5. 3. 1943
Länge:	2578 m

In einer Hafenstadt in Südamerika wird die Ärztin Dr. Gloria O'Connor (Zarah Leander) unter dem Verdacht verhaftet, den Versicherungsagenten Frank Douglas ermordet zu haben. Der Staatsanwalt überführt sie, gar nicht Gloria O'Connor zu sein, sondern den Namen einer Toten zu tragen. Die Verhaftete schweigt und leugnet den Mord. Durch steckbriefähnliche Bildinserate in Zeitungen vieler Länder wird nach und nach ihre tragische Vergangenheit enthüllt.

Rückblenden erzählen die schicksalhaften Lebensstationen von Vera Meiners, die vor Jahren von ihrem eifersüchtigen Ehemann (Hans Stüwe) aus dem Hause gewiesen wurde. Seit dieser Zeit

Szenenfoto aus DAMALS (1942)

sorgt sie allein für ihre Tochter. Aufgeschreckt von den Zeitungen verläßt Meiners Deutschland, um seine Tochter endlich kennenzulernen. Beide tragen zur Aufklärung des Mordes bei, und Gloria alias Vera wird aus der Haft entlassen. Über die Tochter findet er zu seiner Frau zurück.

Titel:	GABRIELA
Produktion:	Real-Film, Hamburg/Allianz-Film
Regie:	Geza von Cziffra
Kamera:	Willi Winterstein
Drehbuch:	Geza von Cziffra
Musik:	Michael Jary
Texte:	Kurt Schwabach
Lieder:	»Es gibt keine Frau, die nicht lügt«, »Wann wirst du mich fragen?«, »Wenn der Herrgott will«
Darsteller:	Zarah Leander, Siegfried Breuer, Carl Raddatz, Grethe Weiser, Gunnar Möller, Vera Molnar
Herstellungsjahr:	1950
Uraufführung:	6. 4. 1950
Länge:	2608 m

Gabriela (Zarah Leander), der gefeierte Star eines eigenen Nachtlokals, verschwindet eines Tages ohne Abschied. Sie hat ein Geheimnis. In Wirklichkeit heißt sie Helga Lorenzen und ist die geschiedene Frau eines Industriellen. Sie besitzt ein Kind aus dieser Ehe, das sie weit ab im Gebirge von einer Pfle-

Szenenfoto aus GRABRIELA (1950) mit Filmtochter Vera Molnar

gemutter aufziehen läßt. Sie mietet vor den Toren der Stadt ein Haus, um dort mit ihrer Tochter zu leben.
Aber für Andrea (Vera Molnar) ist sie eine Fremde, für die sie nichts empfindet. Durch Hansi (Grethe Weiser), eine Freundin ihrer Mutter, erfährt sie schließlich, welche Opfer ihre Mutter auf sich nahm, um ihr eine behütete Kindheit zu ermöglichen. Als Gabriela das Lied »Wenn der Herrgott will« singt, betritt Andrea mit ihrem Freund den Nachtclub. Ein Kind hat den Weg zur Mutter gefunden.

Titel:	CUBA CABANA
Produktion:	Rhombus-Herzog-Film
Regie:	Fritz Peter Buch
Kamera:	Richard Angst
Drehbuch:	Fritz Peter Buch
Musik:	Heino Gaze
Texte:	Bruno Balz
Lieder:	»Eine Frau in meinen Jahren«,
	»Sag mir nie wieder ›je t'aime‹«,
	»Schatten der Vergangenheit«,
	»Und wenn's auch Sünde wär'«,
	»Du machst mich so nervös«
Darsteller:	Zarah Leander, O. W. Fischer,
	Paul Hartmann, Hans Richter
Herstellungsjahr:	1952
Uraufführung:	19. 12. 1952
Länge:	2563 m

Starfoto zum Film Cuba Cabana (1952)

Starfoto zum Film CUBA CABANA (1952)

Starfoto zum Film CUBA CABANA (1952)

Marika Rökk besucht Zarah während der Dreharbeiten zu Cuba Cabana (1952)

Arabella (Zarah Leander) besitzt in einer südamerikanischen Hafenstadt ein eigenes Nachtlokal, das »Cuba Cabana«. Ein junger Pressereporter (O. W. Fischer) macht ihr dort zunächst erfolglos den Hof. Als er im Verlauf einer südamerikanischen Rebellion verwundet und verfolgt wird, verbirgt ihn Arabella. Gerührt durch seine Hilflosigkeit und überzeugt von seiner Unschuld, erwidert sie seine Liebe und erfährt so ein spätes Liebesglück.

Sie planen, zusammen zu fliehen, um in einem anderen Land ein neues Leben zu beginnen. Doch ihr Geliebter wird inzwischen wegen Mordes gesucht und erwartet die Todesstrafe. Arabella bittet den Gouverneur (Paul Hartmann), mit dem sie eine Freundschaft verbindet, um Hilfe. Dieser besteht darauf, daß der Reporter allein das Land verläßt. So muß sie auf das persönliche Glück verzichten, um sein Leben zu retten.

Titel:	AVE MARIA
Produktion:	Diana-Gloria-Film
Regie:	Alfred Braun
Kamera:	Werner Krien
Drehbuch:	Wolf Neumeister, Hans Wendel
Musik:	Franz Grothe
Texte:	Bruno Balz
Lieder:	»Ich kenn' den Jimmy aus Havanna«, »Wenn die wilden Rosen blüh'n«, »Wart' nicht auf die große Liebe«, »Ave Maria« von Bach/Gounod

Bei der Premiere des Films AVE MARIA (1953) ▷

Darsteller:	Zarah Leander, Hans Stüwe, Marianne Hold, Hilde Körber, Berta Drews, Hans Henn, Carl Wery
Herstellungsjahr:	1953
Uraufführung:	8. 9. 1953
Länge:	2556 m

Eine ehemalige Oratoriensängerin (Zarah Leander) singt in einer Barockkirche anläßlich einer Schulfeier das »Ave Maria«. Heimlich tritt sie aber auch in einer Hafenbar auf, um damit die Erziehung ihrer Tochter Daniela (Marianne Hold) zu sichern. In der Klosterschule macht sie die Bekanntschaft eines reichen Witwers (Hans Stüwe), dessen Verehrung für sie bald Heiratsabsichten erkennen läßt. Aber als er von ihrem wirklichen Beruf erfährt, macht er aus seiner Verachtung keinen Hehl.

Um dem Glück ihrer Tochter, die sich inzwischen in den Sohn des Witwers verliebt hat, nicht im Wege zu stehen, verschwindet sie nach Finnland. Heimlich kehrt sie zur Taufe ihres Enkels zurück, singt noch einmal das »Ave Maria« und wird von ihrer Tochter erkannt, die sie in die Arme schließt.

Titel:	BEI DIR WAR ES IMMER SO SCHÖN
Produktion:	Allianz-Film
Regie:	Hans Wolff
Kamera:	Hans Schneeberger
Drehbuch:	Paul H. Rameau
Musik:	Theo Mackeben
Texte:	Hans Fritz Beckmann, Michael Gesell

Lieder:	»Eine Frau wird erst schön durch die Liebe«, »Nur nicht aus Liebe weinen«
Darsteller:	Zarah Leander, Willi Forst, Heinz Drache, Margot Hielscher, Sonja Ziemann, Grethe Weiser, Kirsten Heiberg
Herstellungsjahr:	1954
Uraufführung:	16. 3. 1954
Länge:	2997 m

Ein Musikfilm um die Melodien des Komponisten Theo Mackeben. Zarah Leander tritt in einer Episodenrolle auf und singt die Lieder, die Theo Mackeben für sie geschrieben hat.

Titel:	DER BLAUE NACHTFALTER
Produktion:	Berolina Film, Kurt Schultz, Union Film
Regie:	Wolfgang Schleif
Kamera:	Willi Winterstein
Drehbuch:	Erich Ebermayer
Musik:	Lothar Olias
Texte:	Kurt Schwabach, Max Colpet
Lieder:	»Pardon, meine Damen, Pardon, meine Herren«, »Ein Leben ohne Liebe«, »Seit ich dich sah«
Darsteller:	Zarah Leander, Christian Wolff, Marina Petrowa, Paul Hartmann, Werner Hinz, Loni Heuser, Hans Richter

ERSTAUFFÜHRUNG

Millionen werden wieder dem Zauber dieser Stimme erliegen, Millionen werden jubeln

Zarah Leander

in

DER BLAUE NACHTFALTER

**VOM LEBEN GESCHLAGEN DOCH UNBESIEGT:
DIE GESCHICHTE EINER WUNDERBAREN FRAU**

Christian Wolff · Paul Hartmann
Werner Hinz · Marina Petrowa
Loni Heuser u. v. a.

REGIE: WOLFGANG SCHLEIF
MUSIK: LOTHAR OLIAS

EINE PRODUKTION DER BEROLINA-FILM KURT SCHULZ GMBH
IM VERLEIH UNIONFILM

═ FILMTHEATER ═

Szenenfoto aus DER BLAUE NACHTFALTER (1959)

Szenenfoto aus DER BLAUE NACHTFALTER (1959)

Herstellungsjahr: 1959
Uraufführung: 27. 8. 1959
Länge: 2497 m

Die ehemalige Opernsängerin und jetzige Barsängerin im »Blauen Nachtfalter«, Julia Martens (Zarah Leander), hat fünfzehn Jahre Zuchthaus abgesessen. Sie war wegen eines Mordes verurteilt worden, den sie nicht begangen hatte. Ihr Mann ist inzwischen gestorben, ihr einziger Sohn (Christian Wolff) hält sie für tot.

Im »Blauen Nachtfalter« trifft sie auf ihren Sohn, der aber von ihrer Existenz keine Ahnung hat. Er ist mit einer Tänzerin befreundet, deren Manager der angeblich erschossene Erpresser ist, wegen dessen »Mord« sie fünfzehn Jahre hinter Zuchthausmauern verbracht hat. Als dieser ihren Sohn bestiehlt, erschießt sie den Schurken. In der Gerichtsverhandlung deckt sie die wahren Zusammenhänge auf und wird freigesprochen.

Titel:	DAS BLAUE VOM HIMMEL
Regie:	Wolfgang Schleif
Drehbuch:	Robert Gilbert und Per Schwenzen
Musik:	Friedrich Holländer
Lieder:	»Das elektrische Klavier«, »Mir war die Liebe immer so sympathisch«
Darsteller:	Zarah Leander, Karin Baal, Toni Sailer, Carlos Werner
Uraufführung:	ZDF, 27. November 1964
Länge:	90 Minuten

Antje Doorn (Karin Baal) erfährt, daß sie nicht die leibliche Tochter der Krämersleute ist, bei denen sie aufwuchs. Als im Ort der neue Schloßherr, der Detektiv Outrelle (Carlos Werner) auftaucht, glaubt Antje, daß er ihr Vater ist. Der Gendarm Landa (Toni Sailer), der Antje liebt, fürchtet, daß seine Werbung nunmehr als Mitgiftjägerei ausgelegt wird. Die Verwicklungen nehmen ihren Lauf. Da aber erscheint Desirée (Zarah Leander) und klärt die auswegslose Situation. Sie verschweigt aber, daß Antje ihre und Outrelles Tochter ist. Landa heiratet Antje, und Desirée reist unerkannt wieder ab. Antje wird nie erfahren, wer die uneigennützige Dame war, die alles zum guten Ende führte.

Titel:	DAS GEWISSE ETWAS DER FRAUEN
Produktion:	Gottfried Wegeleben
Regie:	Luciano Salce
Kamera:	Enrico Menczer
Drehbuch:	Willibald Eser
Musik:	Ennio Morricone

Lieder: Zarah Leander sang das Lied von Theo Mackeben: »Eine Frau wird erst schön durch die Liebe« (Text: Michael Gesell)
Darsteller: Zarah Leander, Michèle Mercier, Nadja Tiller, Anita Ekberg, Romina Power, Robert Hoffmann, Elsa Martinelli
Herstellungsjahr: 1966
Uraufführung: 23. 11. 1966
Länge: 2798 m

Hier geht es um die sexuelle Emanzipation der Frauen. Die Damen, die in diesem Film auftreten, sind selbständig und erfolgreich. Aber alle sind sich in einem gleich geblieben: sie möchten den schönen, jungen und leicht gehemmten Robert (Robert Hoffmann) in die Kunst der Liebe einführen.
Sein Weg führt ihn nach mehreren Episoden zur lebensklugen, welterfahrenen Konsulin (Zarah Leander). Diese gewitzte Frau findet Gefallen an Robert. Erstens braucht sie für ihre Hubschrauberfabrik einen tatkräftigen Manager, zweitens für ihre jüngste Nichte (Romina Power) einen richtigen Mann. Geschickt lenkt sie seinen Blick auf ihre Nichte. Einer aufwendigen Hochzeit steht schließlich nichts mehr im Wege.

Frank Noack
Zarah Leander-
Filme im Spiegel der US-Kritik

Variety

Die Rezensionen sind unmittelbar nach der Premiere der Originalfassung im Herstellungsland von den europäischen »Variety«-Korrespondenten verfaßt worden. Zu PREMIERE hieß es am 24. Februar 1937 (Kürzel des Autors: ›Maass.‹): »*Swedish star, Zarah Leander, who appeared in Vienna for more than five months in Ralph Benatzky's operetta, AXEL AN DER HIMMELSTUER carries this pisture to a full success. ... Outstanding is the work of an American, Floyd du Pont, as dance stager. Applause in the midst of a picture is something very rare in Austria, but it happened during du Ponts sequences.*« [Der schwedische Star Zarah Leander, der seit über fünf Monaten in Wien in Ralph Benatzkys Operette AXEL AN DER HIMMELSTÜR zu sehen war, verhilft diesem Film zu einem vollen Erfolg. ... Herausragend ist die Leistung eines Amerikaners, Floyd du Pont, als Choreograph. Applaus mitten im Film ist etwas Seltenes in Österreich, aber es geschah während der du-Pont-Szenen.]

◁ Starfoto von 1954

Von Zu neuen Ufern hieß es in der »Variety« vom 27.Oktober 1937, der Film sei im Vergleich zu Premiere sehr enttäuschend und des Stars nicht würdig.

The New York Times

Die im folgenden genannten Rezensionen sind jeweils anläßlich einer Vorführung im New Yorker Kino »86th Street Garden Theatre« verfaßt worden. Ihr Verfasser war in allen Fällen Harry T. Smith.

Zu neuen Ufern wurde in der Ausgabe vom 29. Januar 1938 unter dem Titel »To New Shores« rezensiert, La Habanera in der Ausgabe vom 9. Juli 1938 unter dem Titel Home is Calling (Die Heimat ruft). In beiden Fällen erntete Detlef Sierck Lob für seine Regie; zu Zarah Leander äußerte sich Harry T. Smith etwas reserviert. Gesicht und Stimme seien sehr schön, aber ihr Spiel sei hölzern, und sie müsse noch an sich arbeiten, um eine zweite Garbo zu werden.

Heimat lief in New York unter dem Titel Magda und wurde in der ›New York Times‹-Ausgabe vom 10. September 1938 rezensiert: »... *the stately Swede, with the lovely low-pitched voice and entrancing smile, does much better work than in her earlier pictures*«. [Die stattliche Schwedin, mit der wunder-

In der Silvestershow des ZDF Es funkeln die Sterne (31.12.1966) ▷

schönen tiefen Stimme und dem bezaubernden Lächeln, spielt wesentlich besser als in ihren früheren Filmen.]

DER BLAUFUCHS wurde nicht mit dem gewohnten »At the 86th Street Garden Theatre«, sondern mit der Überschrift »Zarah Leander and Willy Birgel in BLAUFUCHS« vorgestellt (Ausgabe vom 4. März 1939): »*Zarah Leander and Willy Birgel make such a likeable pair of lovers in BLAUFUCHS (BLUE FOX), the brand-new Ufa arrival at the Eighty-sixth Street Garden Theatre, that the spectators can forgive the use of the time-worn triangle. Popular Paul Hörbiger, as the learned husband who deserves to lose his charming wife, also adds to the entertainment value of this well-directed and technically perfect film. ... Miss Leander, the Swedish actress who has captured Vienna and Berlin, both on the stage and the screen, during the last couple of years, seems more attractive and capable every time her shadow is shown here. She knows how to use her stately beauty and her sweet and remarkably low-pitched voice to excellent advantage. It is hard to believe that absorption in scientific research could have caused her husband to forget to buy her the blue fox promised for their first anniversary. Director V. Tourjansky has made good use of lovely views along the Danube and of Hungarian music*«. [Zarah Leander und Willy Birgel geben in DER BLAUFUCHS, dem neuesten Ufa-Import im 86th Street Garden Theatre, solch ein sympathisches Liebespaar ab, daß die Zuschauer dem Film seine etwas abgenutzte Dreiecksgeschichte gern nachsehen. Der beliebte Paul Hörbi-

Zarahs 60. Geburtstag (15.3.1966)

ger, in der Rolle des belesenen Ehemannes, der zu recht seine charmante Frau verliert, trägt ebenfalls zum Unterhaltungswert dieses gut inszenierten, technisch vollkommenen Films bei. ... Frau Leander, die schwedische Schauspielerin, die sowohl auf der Bühne als auch im Film Wien und Berlin erobert hat, scheint jedesmal, wenn sie sich bei uns zeigt, attraktiver und talentierter geworden zu sein. Sie weiß, wie sie ihre stattliche Schönheit und ihre angenehme, bemerkenswert tiefe Stimme zum größtmöglichen Vorteil einzusetzen hat. Es ist kaum zu glauben, daß ihr Ehemann wegen seiner Vertiefung in die wissenschaftliche Arbeit vergißt, ihr den versprochenen Blaufuchs zum Hochzeitstag zu kaufen. Regisseur V. Tourjansky verwendet mit Geschick schöne Ansichten entlang der Donau und ungarische Musik.]

DAS LIED DER WÜSTE wurde in der »New York Times« vom 3. Februar 1940 rezensiert. Der Film lief in New York unter dem Titel »Desert Song«. Harry T. Smith schrieb: »*With Zarah's talent, reinforced by good work by the rest of the cast and a pretty realistic background, this musical romance is moderately entertaining*«. [Dank Zarahs Talent, unterstützt von den guten Leistungen ihrer Mitspieler sowie der realistischen Atmosphäre, ist dieser musikalische Liebesfilm angemessen unterhaltsam.)

David Stewart Hull: *Film in the Third Reich* (1969), S.248 f. Über »Die große Liebe«

Regisseur Rolf Hansen ist es gelungen, im Rahmen der ziemlich banalen Liebesgeschichte überzeugend die Hysterie des Krieges einzufangen und ihre Auswirkung auf die Zivilbevölkerung wiederzugeben. Obwohl es sich um einen Musikfilm handelt, ist DIE GROSSE LIEBE ein ziemlich harter und pessimistischer Film, und sein propagandistischer Gehalt ist so nebensächlich, daß es möglich war, den Film nach dem Krieg mit dem Hinweis wiederaufzuführen, aufgrund seiner Entstehungszeit seien militaristische Gefühle unvermeidbar gewesen. ... Vielleicht wegen seines »erwachsenen« Themas wurde DIE GROSSE LIEBE der erfolgreichste aller Leander-Filme, und er hat sich besser gehalten als die meisten Kostümfilme, in denen sie aufgetreten ist.

Nachwort

Paul Seiler, geboren 1936 in der Schweiz, wurde 1943 im zarten Alter von sieben Jahren zum ersten Mal mit der *Stimme der Leander* konfrontiert. Sein Vater rief ihn und seinen Bruder eines Tages zum Rundfunk und verkündete: »Gleich singt eine Frau mit einer tiefen Stimme«, und da ertönte aus dem Rundfunkgerät in Bern: ICH WEISS, ES WIRD EINMAL EIN WUNDER GESCHEHN. Er bekam vor Aufregung eine Gänsehaut, hat sich aber an dieses Geschehen erst Jahre später mit der Feststellung erinnert: »Es muß schon damals eine Bereitschaft in mir vorhanden gewesen sein, von dieser Stimme überdurchschnittlich berührt zu werden«.

Am 1. Januar 1954 sah er Zarah Leander in dem Film AVE MARIA zum ersten Mal auf der Leinwand. Diesmal merkte er sich den Namen, und seine Sammelleidenschaft begann. Titelbilder, Kinoprogramme, Fotos und natürlich *die Stimme*, die es damals noch auf Schellack-Schallplatten zu erwerben galt, bildeten den Grundstock zu seinem heutigen Archiv. Leibhaftig auf der Konzertbühne sah er die Leander ein gutes Jahr später, am 1. März 1955, in einem sogenannten *Bunten Abend* in Luzern. Nach der Vorstellung erhaschte er das erste Autogramm, tags darauf schickte er ihr Blumen ins Hotel und harrte stundenlang in bitterer Kälte davor aus, um die Abreise des Stars

◁ Porträtstudie von 1963

zu erleben. Er wurde belohnt: ein »Dankeschön«, ein erstes Gespräch, der Star nahm den Verehrer wahr, der Grundstein zu einer Beziehung war gelegt. »Aber«, bemerkt Seiler, »ich bin nicht so eingebildet, um daraus im nachhinein eine Freundschaft zu konstruieren.« Obwohl er der Leander in den Jahren 1955 bis 1964 oft begegnet ist, im Schallplattenstudio, bei Premierenfeiern oder einmal auch spätabends in einem Hotelzimmer. Amüsiert denkt er an eine spontane Einladung für ihn und seine Begleiterin, mit der er einer Konzertprobe beiwohnte. »Kommt, wir gehen essen«, lud die Leander danach ein. Im Cadillac ging es daraufhin zu einem vornehmen Restaurant am Kurfürstendamm. An das Menü erinnert er sich nicht mehr, nur an den Umstand, daß seine Begleiterin und er von der Bedienung für die Kinder der Leander gehalten wurden. Dies hat er sehr genossen. Aber er hat sich immer »nur« als einen von sicher vielen Verehrern (Fan mag er nicht) eingeschätzt, der das Glück hatte, den Star sowie deren Umfeld auch ganz unkonventionell zu erleben, was ihm später bei seinen Recherchen für seine Bücher zugute kam. Enttäuscht ist er daher von mancher Publikation, die die Leander bzw. deren Karriere beschreiben. Sein Kommentar: »Gelinde gesagt, mangelhaft.« Er möchte allen sogenannten Filmhistorikern ins Stammbuch schreiben: recherchieren, recherchieren, recherchieren! Und, bitte, das Publikum, die Menschen, durch die ja ein Schauspieler, ein Künstler erst zum Star gemacht wird, in den Analysen nicht vollkommen außen vor lassen.
Nur einmal hatte er die Leander auf einen Bericht, den er wort-

gläubig für bare Münze nahm, angesprochen. 1956 erschien eine Dokumentation über die Ufa von Curt Riess unter dem Titel *Das gab's nur einmal,* die im »Stern« vorabgedruckt wurde. Die Leander sagte auf seine Fragen: »Paulchen, du darfst nicht alles glauben, was geschrieben wird.« Dies hat er sich zu Herzen genommen, dies wurde sein Credo für seine Arbeit.

Sein Leben war und ist nicht nur »ein Leben für Zarah Leander«, wenn es auch oberflächlich betrachtet so aussehen mag. In Bern hat er 1955/56 bei Margarethe Schell-Noé, der Mutter von Maria Schell, Schauspielunterricht erhalten. Er wollte zur Bühne. Kurzfristig besuchte er in Bern auch das Konservatorium. Allerdings war sein starker Berner Dialekt ein Handicap, besonders für klassische Rollen. Deshalb bewarb er sich an der Max-Reinhardt-Schule Berlin und wurde prompt aufgenommen. Dort erhielt er auch von der Leiterin Hilde Körber (1906–1969) Unterricht, einer Filmpartnerin von Zarah Leander. Seinen Abschluß, das heißt die Reifeprüfung als Schauspieler, bestand er im März 1961. Nun folgten »Lehr- und Wanderjahre« an kleinen Bühnen in der Provinz, zum Teil Tourneebühnen mit Aufbauverpflichtung und kleiner Gage. Aber immerhin hat er unter anderem in Berlin, Hamburg, München, Wien und Bern in guten Rollen auf der Bühne und zusätzlich in 35 Film- und Fernsehproduktionen, allerdings in kleinen Rollen, vor der Kamera gestanden. Doch die Karriere kam nie richtig in Gang. Sein Resümee: »Meine kleine unbedeutende Schauspielerkarriere hat mir aber immerhin vermittelt, was es bedeutet, auf einer Bühne zu stehen und mit dem Publikum in eine intuitive Verbindung zu treten. Von daher kann er sich absolut mit der Gefühlswelt der Leander identifizieren und unterscheidet sich von Filmhistorikern, denen diese Erfahrung zumeist fehlt und die dieser irrationalen Welt zumeist fremd oder auch suspekt gegenüberstehen.« Auch die Leander hat ja immer wieder betont, wie wichtig für sie ihr Publikum sei. »*Es war ein süchtiges Verhältnis*« (Günther Rühle). Wer selbst noch nie von diesem Sog erfaßt worden ist, wird die Filme der Leander, die zwischen 1937 und 1942 entstanden sind, immer nur unter moralischen Gesichtspunkten und mit erhobenem Zeigefinger beurteilen und dabei lapidar feststellen: »*Sie hat für die Nazis gefilmt.*« Auch den Aspekt der Weltabgeschiedenheit und die Außenwelt nicht mehr voll zu registrieren, eine Situation, die für Schauspieler immer wieder entsteht, kann er daher kaum nachvollziehen. Dazu die Leander in ihren Memoiren:

Die Umwelt, falls es eine solche überhaupt existiert, ist gleichgültig. Die einzigen Menschen auf der Welt, das sind wir, die diesen Film machen. Wir können uns hassen und zanken, kämpfen und lieben, zusammen weinen und lachen, aber immer sind es nur wir. Die anderen ... was für andere? Gibt es überhaupt noch andere Menschen? Aha, doch, »aber was geht es uns an?«

Seilers Karriere wurde keine, deshalb ließ er sich 1970 zum Krankenpfleger umschulen und arbeitete 22 Jahre in einer Neurologisch-Psychiatrischen Klinik in Berlin. Ein Augenleiden beendete 1991 sein Erwerbsleben. Jetzt, berentet, reicht seine Augenkraft noch aus, sein Zarah-Leander-Archiv weiterhin zu vervollkommnen. In ferner Zukunft wird er seine Sammlung dem Potsdamer Filmmuseum übergeben. In Potsdam-Babelsberg drehte die Leander ihre wichtigsten Filme, und er ist überzeugt, daß sein Archiv dort gut aufgehoben sein wird. Seine erste Buchdokumentation, *Wollt Ihr einen Star sehen? – Ein Kultbuch* brachte 1982 ein kleiner Berliner Verlag heraus. 1985 erschien es bei Rowohlt als Taschenbuch, wurde 1988 ins Schwedische übersetzt. 1985 kam sein zweites Buch auf den Markt: *Zarah Diva*. 1984 drehte er zusammen mit dem amerikanischen Filmdokumentaristen Christian Blackwood das Filmessay MEIN LEBEN FÜR ZARAH LEANDER, das ihm die Möglichkeit gab, wichtige Helfer der Leander-Karriere oder deren Partner zu interviewen: Douglas Syrk, Rolf Hansen, Bruno Balz, Michael Jary, Margot Hielscher, Karl Schönböck, Rolf Kutschera und Hans Weigel. »Mit Zeitzeugen zu sprechen ist immer eine wichtige Erfahrung.« Daß der Film darüber hinaus gute Kritiken hatte, mehrmals im deutschsprachigen Fernsehen gezeigt wurde, auch in Skandinavien lief und sogar in einem New Yorker Kino und bei den Filmfestspielen in Toronto zu sehen war, freut ihn besonders. Vor sechs Jahren, zum 10. Todestag der Leander, erschien dann der Prachtband EIN MYTHOS LEBT. Auch die 2. Auflage ist inzwischen vergriffen.

Auch das Fernsehen oder der Rundfunk klopfen immer wieder bei ihm an. Es macht ihm weiterhin Spaß, zu vermitteln, aufzuklären, zu forschen. Kein Verständnis hat er, wenn aus ideologischen Gründen, z.B. um den Zeitgeist zu bedienen, Fakten verfäscht oder uminterpretiert werden.

Eine junge Journalistin leitete einmal ein Interview mit ihm so ein: »Nicht wahr, Marlene Dietrich emigrierte nach Hollywood, um Hitler zu bekämpfen, und die Leander kam nach Berlin, um die NSDAP zu unterstützen?« So einfach ist das nicht. Es stimmt ihn daher nachdenklich und traurig, vor allem daß die Namen der beiden Diven in den vergangenen Jahren zunehmend instrumentalisiert wurden. Der antifaschistischen Lichtgestalt Marlene Dietrich steht die faschistische Durchhaltediseuse Leander gegenüber. Beide Diven haben über Jahrzehnte dasselbe Publikum gehabt. Jene, die heute so leichtfertig diese »Prädikate« verleihen, kennen größtenteils weder die Filme noch die Chansons der beiden Stars. Marlene wurde nicht zur Dietrich, weil sie gegen die Nazis war. Auch der Ruhm und Mythos der Leander gründete sich in erster Linie auf deren Begabung. Ein Paradoxon: Einmal sind sich die beiden Frauen beinahe begegnet: 1937, als sich die Dietrich auf den Filmfestspielen von Venedig feiern ließ, einem aus heutiger Sicht offen faschistischen Festakt, wo auch zwei Filme mit der Leander Premiere und Zu neuen Ufern liefen.

Dem Ullstein Verlag ist Paul Seiler daher dankbar, daß er jetzt sein »viertes Kind« zur Diskussion stellen kann, um so mehr, da er seit seiner letzten Veröffentlichung auch Akten von der Reichsfilmkammer, die bis zur Wende im »American Document Center«, dem jetzigen Bundesarchiv Berlin, lagerten, einsehen konnte, die bisher noch nie zitiert worden sind.

»Ein Dank für Paul – Zarah Leander 1958« ▷

Quellen:

Hans Dieter Schäfer: Das gespaltene Bewußtsein. Deutsche Kultur und Lebenswirklichkeit 1933–1945, Ullstein, Berlin
Bugoslaw Drewniak: Der deutsche Film 1939–1945. Droste Verlag, Düsseldorf
Die Tagebücher von Joseph Goebbels. Im Auftrag des Instituts für Zeitgeschichte und mit Unterstützung des Staatlichen Archivdienstes Rußland, K. G. Sauer Verlag, München
Wir tanzen um die Welt. »Deutsche Revuefilme 1933–1945«. Herausgegeben von Helga Belach, Carl Hanser Verlag, München
Karsten Witte: Lachende Erben. Toller Tag. Filmkomödie im Dritten Reich, Verlag Vorwerk 8 (Seite 202)
»Meldungen aus dem Reich«. Geheime Lageberichte des Sicherheitsdienstes der SS, Heinz Boberach, Neuwied (Nr. 253 und 257)
Der Tagesspiegel: 12. Februar 1989, 10. April 1990
Zarah Leander: Es war so wunderbar! Mein Leben. Hoffmann und Campe
Bundesarchiv Abt. III, Außenstelle Berlin-Zehlendorf *(ehemals Berlin Document Center BDC)*
Helma Sanders-Brahms: Zarah, in: Jahrbuch Film 1981/82, Carl Hanser Verlag, München
Micaela Jary: Traumfabriken made in Germany, edition q
Archiv für Deutsche Filmkunst – Uwe Hensel, Sankt Augustin
Günther Rühle: *Die ganz große Geliebte,* in: Frankfurter Allegemeine Zeitung, 24. Juni 1981.

KULT-OBJEKTE
Die ganz besonderen CDs
zu Zarah Leanders 90. Geburtstag

»UIH! – ZARAH LIVE
Bestell-Nr. ALLSTAR 220002-2 CD
und 220002-4 MC

Das Ereignis!
Erleben Sie die grandiose Stimmung von 4 500 begeisterten Fans bei Zarahs schönstem Konzert zu ihrem 60. Geburtstag im legendären Berliner Sportpalast. Freuen Sie auf eine Zarah, die mit ihrem Publikum spricht, lacht und glücklich ist. Dieser erstmals ungekürzt veröffentlichte Mitschnitt bringt Zarah pur.

MEIN HERZ KANN WEINEN –
MEIN HERZ KANN LACHEN
Bestell-Nr. ALLSTAR 220003-2
(Doppel-CD) und 220003-4 (MC)

Die Sensation!
Zarahs letztes, bisher unveröffentlichtes Lied gab dieser CD den Titel. Hier glänzen gleich drei Sterne. Lassen Sie sich verzaubern von Zarahs Stimme, der einfühlsamen Solo-Gitarre von Siggi Schwab und dem eigens für diese große Künstlerin von Walter Rothenburg geschriebenen Chanson. Daneben finden Sie eine Auswahl von seltenen Aufnahmen und ein faszinierendes Geschenk für Zarah-Freunde:

Die Gratis-CD:
Sie bringt vom Autor dieses Buches über Jahrzehnte gesammelte Interviews, in denen Zarah Leander selbst aus ihrem Leben erzählt und ihr Entdecker Max Hansen den Start ihrer Karriere in Wien schildert. Ein einmaliges Hör-Erlebnis? Yes, Sir!!!

HERRLICHE ZEITEN
ZARAH 1997
Bestell-Nr. Allstar 220004-2 CD

Die Pop-Art:
Der Sound-Designer Peter Columbus (Jive-Conny) gab alten Zarah-Aufnahmen den Hit-Groove von heute. Diese Maxi-CD zeigt, daß sich Zarahs Interpretation nahtlos mit den Elementen der modernen Pop Music verbinden läßt. Die Gruppe HERRLICHE ZEITEN hat Zarah in ihre Mitte genommen und mit ihr etwas Neues geschaffen, das in jede Zarah-Sammlung gehört.

Diese Kult-Objekte gibt es ab März 1997 in allen Fachgeschäften
Distributed by da music –
49356 Diepholz – Germany
Tel. 05441/986911 Fax 05441/986966

Eine CD-Box mit den gesamten deutschsprachigen Leandertiteln,
die je auf Schallplatte erschienen sind, ist bei
Bear-Family-Records, Achtern Dahl 4, 27799 Vollersode, erhältlich.